兼具外在美與內在美

　老師任教本校多年,平日除了傳道、授業、解惑外,更

　進修,她的好學精神值得學習。累積教學、生活體察與

　,兢兢業業完成《時尚生活美學——個人形象管理篇》

　容詳瞻,引人入勝,韻味無窮,令人激賞。

　共分五大項目:一、內在美與外在美的培養部分,説

　生活美學的真正內涵,真正的「美」是來自生活中的

　昂的鬥志與開朗的心境,可以提升自己正面的能量,

　邁向成功之路。二、商業社交禮儀部分,有「居間介

　的細節與適當時機,凡事貴在用心。交換名片、握

　話、職場應對進退、網路禮節等合宜的表現,能凸顯

　與涵養。三、整體表達技巧部分,認為最基本的溝通

時尚生

推薦

時尚
個人形象

時尚＝內在美＋

內在美＝社交禮儀×生

外在美＝優雅儀態×服

李幸玲◎著

幸玲

不斷研習

研讀所得

一書，內

全書

明了時尚

培養，而高

紓解壓力，

紹」應注意

手、接聽電

自己的特色身

技巧，就是學會以「建議」代替批評、適當的尊重與接納、展現傾聽的氣度、發揮聲音的魅力、眼神能展現氣韻等。四、塑造優雅的儀態部分，有坐姿與站姿的正確圖片說明，加上詳細的文字敘述，讓人一目了然。五、時尚保養祕笈部分，教大家巧妙搭配服飾、細心呵護自己的皮膚、謹慎選用合宜的化妝品等。書中內容既充實且合時宜，具有時代的意義與閱讀價值。

　　山不在高，有仙則名；書不在多，讀透則靈。能踏實地欣賞本書，必能改變氣質，塑造出優雅的儀態，兼具內在美與外在美，更可增進人際關係，獲得更多的友誼。感謝幸玲老師對岡中的付出與辛勞，認真教學之餘，又勤於筆耕，實屬難能可貴。佳作共賞，必能引起大家的共鳴！

岡山高中校長
國立中正大學化學工程系博士　　林勳�　謹誌

推薦序2

穿著流行，腦袋也要時尚

認識幸玲十七年，一直以來常有著熱情笑容，而且對每件事都全心以赴的態度，相信是此書最好的印證。

這本書教會我們外表與內在如何身心一致，非常簡單實用！例如，「聽」的同時就把「猜測」及「轉述」的內容刪掉，剩下的部分，就是對方較接近真實的表達，而此書就是最真實的呈現。

斐瑟髮型公司負責人　鄧泰華　謹誌

推薦序3

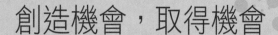

創造機會，取得機會

「路是人走出來的」、「每個人的前途都掌握在自己的手中」，在我們成長過程中，經常會聽到類似的鼓勵跟建言，一般能夠落實去實踐的人，少之又少，而幸玲即是那少數的一份子，她不僅能身體力行，而且又可以運用專業知識將經驗出版成書。

機會是讓給準備好的人。第一次認識幸玲是教育部97年度「友善校園」計畫委託東石高中承辦的「花young年華——教師創意戲劇工作坊」，南風劇團協助培訓一批高中老師創作巡演，第一年編劇班甄試，幸玲不小心被遺漏。第二年演員甄試，幸玲即主動自我推薦。甄試時，幸玲台風穩健、表達非常清晰，令人印象深刻，很快就爭取到她想要的角色。第三年編劇班採取線上報名，她是第一個被錄取，因為她整晚守在電腦旁。

　　我沒有看過這麼有活力又積極的人。編劇課我們全體被關在溪頭創作劇本，縱使工作到半夜凌晨，幸玲依然笑容滿面，光鮮亮麗，活力十足，照亮整個研習團隊。而令我最佩服的莫過於她能將劇場所學習的撇步，轉化成時尚社會與人相處的祕訣，並應用在職場上，實在太令人驚豔。

　　「沒有醜人，只有懶人」，《時尚生活美學——個人形象管理篇》這份教戰手冊，不僅對初踏入社會的青年學子有用，對我們這批在職場上打滾一、二十年的老鳥，也非常受用，我們必須隨時提醒自己的「身體意象」給別人的觀感，才能打敗時間老人，常保青春。

南風劇團團長

陳姿仰　謹誌

自序

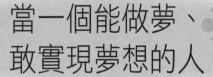

當一個能做夢、
敢實現夢想的人

　　我是一位開心的高中老師，教的是非常實用，且普遍認為可以提高生活創意，包含營養學、烹飪、手工藝、還能當「賢妻良母」的家政課程。

　　國中畢業後，不想面對升學壓力，從小愛畫畫的我，很想就讀「美工科」，但在家人的反對之下，只好懵懵懂懂讀了高職的「國貿科」，在校期間因為同儕的影響，讓我開始熱愛運動，性格變得開朗活潑，慢慢擁有自主思考的能力。面對自己不擅長的成本會計、國際貿易實務等課程，讓數字觀念不佳的我很頭疼，默默告訴自己，這個科系不適合我，我想念非商科的學系。

　　畢業後，決定到台北上「補習班」的集中營課程，一年後考上了「實踐專科學校」的「家政科」，讓我的人生充滿了光明與

挑戰。在校三年是自我探索與挑戰最快速的時期，曾是「親善服務代表隊」一員，接觸了大型會議的接待與服務工作，在課程的學習中有了實地製作與服裝秀演出的機會，進而發現自己的興趣和潛能。

畢業後，先後進入台北兩家知名髮型公司學習，原本想擔任整體造型師的我，之後轉任為行政管理者。在時尚產業中努力工作了五、六年，後來為了實現自己的夢想，鼓足勇氣辭去工作，再接再厲修習「三專在職進修班」，將大學學分修畢。非假日時間，有機會就擔任服裝畫老師、房屋銷售員、迪士尼舞台幕後服裝組人員。

工作多年後，變得異常珍惜讀書的日子，後來修習「教育學程」、「生活應用科學研究所」，期間修習「第二專長學分班」，取得「國文科教師」的認證，就這樣當上了「高中老師」。

為了實現自己的夢想，不囿於課堂上的教學，希望把自己在生活和教學中所思所想集結成書，獻給讀者，希望讓更多人能夠理解，所謂「時尚生活」，其實是可以在日常生活中進行的，隨

時隨地可以幫自己塑造美好形象，而且相關的原則，都適用於面對生活與職場的種種挑戰。

　　每一次的經驗與磨鍊，都會成就未來擔當重任的能力與潛質，當經驗已成為自發性的本能，就不是一件困難的事情。在多年的工作經驗中，我認為做事情不可抱持「僥倖」的心態，不要用「碰碰運氣」的想法，最簡單且最踏實的觀念就是「全心全意的投入」，樂觀積極的保持「學習與付出」，這樣在職場上一定會有一席之地。

　　這本書，嘗試用平實的寫法，再加上自己的插畫，期望更進一步貼近讀者。期待大家試試看這些簡易的方法，讓生活中時時開心、處處驚喜！

PART A

內在美與外在美的培養　12

PART B

商業社交禮儀　56

PART **C**

整體表達技巧　86

PART **D**

塑造優雅的儀態　114

PART **E**

時尚保養祕笈　144

附錄　188

PART *A*
內在美與外在美的培養

時尚生活美學的基本觀念

　　一般人對於時尚美學的概念，大概是指外貌的顯現，如長相、皮膚、髮型、服裝等等。不過，真正的優雅自在需要具備豐富的涵養與自信，由內而外散發出來的才是真正的美。

　　據說法國女人的穿衣哲學是一流的，不會受到品牌的限制，也不會盲目追求潮流，她們利用混搭及簡約的方式，凸顯出自己的特色，勇於展現自己，因此更顯得具有獨特的特質與魅力，而能散發優雅的品味。

什麼是時尚？

　　「時尚」一詞涵蓋了許多層面，法國的時裝大師紀梵希曾說：「時尚是一個圓。」雖然不同的時期、不同的論點，

對「時尚」一詞有不同的詮釋，但是大多蘊含深刻的美學與
哲學的基礎。若只是空談「時尚」是很虛無的，因為流行風
潮稍縱即逝，必須要有扎實的「基礎」才能堆疊出完整的設
計概念。如果能在日常生活中體驗微小的感動，用心培養知
覺與感動的意念，並運用多元的技能與智慧，順應時代的快
速轉變，那麼「時尚」便離你不遠，這就是我所詮釋的「時
尚」。

　　所謂「時尚」，包含「內在美」與「外在美」，除了
重視外在的容貌形象之外，若是自小就培養內在的氣質，那
麼別人眼中的你就會是內外兼具的人。其實，在日常生活中
的種種體驗，包括內在修養及外在行為態度的顯現，美學的
堆砌是內在氣質培養的內化過程。若能在人際關係上，做到
「細緻化」、「貼心化」，培養「好感度」，無形中就增加
了你的時尚度。

身體意象（body image）

「身體意象」一詞是個多層次及多構面的概念，也包含了感知的、態度的、情感的成分。是指對自我外表的滿意程度，也就是身體外貌的看法之組合。青少年的外貌常被期待達成這個社會的標準，所以青少年也常因為自己不出色的外貌而得到社會負面的評價。若是對自己身體的認知失調，對自己的外觀有了扭曲的觀點，不僅影響心理健康，更會產生負面效應。

以往我們總是強調「重視外貌很膚淺」，於是整個社會的教育，認為只要重視品格與道德即可，崇尚禮法灌輸，卻缺乏了美學教育。但這樣的論點對許多現代人而言似乎有點矯枉過正，太過壓抑人們對外貌的追求，反而令人覺得做作、觀感不佳。

「身體意象」也是「自我概念」的一部分，是一種內在的心理表徵。我們對於身體的看法並非一成不變的，是可

以經由個人的學習與努力或環境的變化，每個時期都可能有不同的觀感。由個人的學習與努力，而能夠「彈性」調整的外貌變化，可能會影響一個人的自信心，可是，若僅僅重視外貌，卻不在意內在心理強韌度的培養，不強化人的「自尊」，如何養成健全的人格呢？

自尊

「自尊」（self-esteem）就是指個體對自身的感受；當我們覺得對自己有價值感，感到自己的重要性，因而接納自己、喜歡自己，就是「自尊」的定義。「自尊」也常常以「自我接納」（self-acceptance）、「自信心」（self-confidence）、「自我價值」（self-worthiness）的概念交互作用。

有一位學者曾說：「當一個女人擁有自我的時候，才能真正從裝扮當中得到樂趣，只要我們不物化自己的身體，擺脫美麗的迷思，裝扮是為了讓自己真正快樂，而不是為了取

悅他人。」所以每一個人都有責任提升自己的外貌與內在的自我價值，除了為自己的外貌而努力，更可以由內而外學習如何展現個人的自我價值，提升自己的「自尊」。

將「時尚生活美學」的概念納入「自尊」，就是期望我們能用美學的概念與世界接軌，能登入大雅之堂而不怯場，用優雅的形象與世界相遇。

自我品牌的塑造

在學校課程設計中，除了講述設計的基礎與流程，也將經典的服飾品牌做深度的剖析，道出品牌的理念、建立、創新、革命等，然後讓學生們思考，若「自己」就是一種品牌，會想要傳遞何種訊息？想展現何種風貌？認為自己的定位與價值是什麼？所得出來的結論有很多元化的詮釋，可能是「親切、溫暖、體貼、酷炫、沉穩」等等。有趣的是，若把自己塑造成「品牌」，大家的趨向就會往「正向」發展，對於自我的積極程度就會提升，進而改善自己消極的態度。

這種態度統稱為「自尊」，也就是我們都相信自己是有能力
和有價值的人，對自我的評價也會因為環境或是學習而有所
改善。

　　舉個例來說，剛上大學時，對於台北的繁華與快節奏，
讓我有著陌生與不安的感覺，同學們口中說的笑話或看的品
牌服飾都不甚了解，因此鬧過許多笑話。當時天真地把自己
塑造成一個「酷酷的」女生，頂著大大的黑框眼鏡，擦著咖
啡色口紅，冷冷地對待同學，來掩飾自己的沒自信。後來慢
慢敞開心房後，我便愈來愈像自己，希望自己變成「知性」
的樣子，笑容多了，也擦了較亮的橙色口紅。我深深地相
信，外貌與內在是一體兩面，但如何認識自己，真正地面對
自己，「真誠」地善待自己，更是重要的關鍵。當我們優雅
自在、談笑風生，散發出自然的氣息時，「好感度」的氣質
就會慢慢地蘊釀而生。

描繪自我品牌價值

「形象」是「品牌」的一環，而「品牌」到底是什麼呢？「品牌」是一種氛圍、一項堅持、一種行動、瞬間的永恆。

經典品牌需要經過多少歲月的淬鍊，中間究竟需要多少時間不斷的變革與深耕，才能成為普世認同的「經典」？而我們的形象與外表的吸引力，得經過多少的涵養內化，才能散發出獨特魅力，令周遭的人感到由衷的喜愛？

一個人的外在形象與人格，所能創造出來的「品牌價值」是什麼？我們要用什麼樣的方式提高品牌價值？——學識涵養？自信？奮力不懈與毅力？我們又願意花多少時間與精力投資自己來重塑自己的「品牌價值」？

「美」來自生活中的培養

　　近幾年，有鑑於社會問題的亂象，教育界一直積極推動「家庭教育法」，讓學校能多關注、多強化家庭教育的議題，並且極力推展「品德教育」的養成，期望透過家庭成員的互動來傳遞「愛的訊息」，善用「愛的語言」來加強家人的關係。家庭對於個人的意義與功能，可以經由家庭的儀式與活動、成員們的參與來了解家庭的價值。通常在學校課程中，我會安排學生透過「肯定的語言」、「服務的行動」、「精心的時刻」、「身體的親密接觸」等幾個活動項目，讓學生與家人做更近距離的接觸。在這個活動中，平時與家人互動親密的學生，在學校的表現會較有禮貌，發展也較為正向。其中有一位最令我印象深刻的學生，他在「精心的時刻」的活動中，就是與外公外婆近距離地深度訪談，從中理

解長輩的生命歷程與困境突破的經驗，在這期間，他對於重現自我的價值、對生命的熱忱以及面對困境等面向有一些深刻的感觸。

自小我就被教養成一位要關愛家人、不要讓父母操心煩心、對於手足要友愛；為了體貼父母，也認清家庭所面對的困境，所以被賦予負責任與自我管理的能力。記得兒時，媽媽帶我出門就會特別叮嚀，看到長輩，無論是否認識，都要主動問安問好，而且一定要有禮貌，所以自小就不會覺得「打招呼」是一件靦腆或困難的事情。因為透過禮貌，我得到別人友善的對待與鼓勵，在我小小的心靈中，能感受到大人都喜歡有禮貌的小孩子。

一個人品格的形塑，絕非一朝一夕就能養成，「禮貌」這件「小事」需要從小培養，有些父母教育的重心都在孩子的才藝、技能、學業等，卻輕忽了禮貌、品格及良好生活習慣的培養。大多數父母總以忙碌與時間不夠為由，安慰自己：「這不必教，孩子長大自然就懂了！」可是到了青春期

後，再來要求孩子「有禮貌」，就會難上加難，到時再調整行為，就得要加倍用心與努力。所以家長應該在孩子小的時候，就耳提面命教育孩子生活禮儀的重要性，並且要以身作則，讓孩子養成良好的習慣，這樣將來成年後即可自然融入於生活，就不會顯得刻意與尷尬了。

近幾年國內外研究「健康家庭」的特質，我們更能了解到，所謂的「健康家庭」，並不是沒有任何衝突與問題，而是能找尋社會資源，透過信仰、理解、家庭的凝聚力等，讓這些衝突與問題能適度地解決。我們看到現在很多年輕人，因為自小備受父母的寵愛與關照，自主能力減弱、抗壓性降低、在職場上只要稍有挫折，就會退縮或受挫；或是相反地自我感覺良好，認為是別人不重用他，不是自己需要改進。父母的良善美意，竟讓很多人成了尼特族（NEET，not in employment, education or training），只想不就業、不升學、不進修，逃避現實，不願意為自己負責任。可見得父母親的過度保護或忽略，反而會讓孩子的成長停滯不前，進而間接

耽誤了孩子的成長契機。

在家庭生活教育中，提醒父母們隨時展現親切有禮的態度，在家中叮嚀孩子要對長輩問安，早起時大家互道早安。回家後，對家人說：「我回來了」；外出時，對待任何服務你的人，輕聲、善意地說出「謝謝」；若有事情打擾到別人，應帶著歉意，誠懇地說：「對不起，真是太麻煩您了」、「不好意思，打擾您了」。這些生活禮儀的養成，可以在無形中感化並教育孩子，進而提升品格素養。若多花一些心思，多體貼他人，懂得體察當下的情況，做出合宜的舉止，就能在生活當中為自己加分，並且為他人帶來更多的歡樂與喜悅。

曾有一位家長說，她教育孩子，不會嚴格地教訓孩子：「不要隨地丟垃圾！」只是以身作則把垃圾分類好、放置乾淨；看到路上有垃圾，就隨手撿起來，順便給孩子機會教育：「如果我們不撿起來，可能就會有人有樣學樣，在這個地方亂丟，如果每個人都丟一個垃圾，你想想看這樣會多髒

啊！車子經過時也可能會發生危險，這是我們共同生活的環境，所以維護環境是大家的責任喔！」如此一來，孩子不會被迫去做他們不願做的事情，也能在日常生活養成「付出」的觀念，發自內心養成尊重他人的習慣，並做出合宜的舉止。

　　落實家庭教育是培養生活禮儀的最佳方式，因為習慣的養成需要長期的練習與培養。家庭成員可以培養共同的興趣與話題，可以共同參與一件有意義的事，例如一同響應社區的公益活動，透過活動內涵的薰陶，加強對於人事物的感受力，讓成員們更珍惜自己所擁有的一切，懂得知福，就能珍惜所擁有的幸福，再推己及人，創造更多的幸福。

　　因此生活美學也涵蓋了「生活禮儀」，唯有大家有禮，互相尊重，社會才能展現和諧的美感。

笑容的祕密

在學校教學課程中，有時會安排讓學生訪談弱勢團體或是慈善機構、當一日志工或是辦些小活動，都能讓報告作業更加充實。學生卯足全力做報告，在口頭呈現時也有精采的演出，幾年下來非常受到好評。有一次，同學以為是要採訪「養老院」，但是去了才知道是「療養院」。台上學生在口頭報告時，用非常輕浮誇張的態度掩飾失誤，台下同學也配合演出，用「大笑、訕笑」敷衍了事，我當場便予以糾正，原因是這種「笑容」是非常不尊重、不專業的表現。

這就是笑容適當與否給人的印象。

尤其在服務業中，笑容是最高指導原則，「微笑」可以讓對方產生好感。光是「嘴角上揚」與「嘴角下垂」，給他人的第一印象就會有很大的差別。大家一定有過這種經驗，在逛街購物時，若看到店員擺著臭臉，或是令人不舒服的笑容，就會影響到購買欲望。看看下面圖示，「嘴角上揚」是

否給別人的印象舒服多了？

嘴角上揚　　　　　　嘴角下垂

一般而言，會令人感到不舒服的笑容有下列幾種：一是只有稍微牽動嘴角，但是絲毫感受不到感情溫度的「皮笑肉不笑」；二是在不適當的時機笑出來，會令人感到不舒服（例如看到感動的電影情節卻笑出聲）的「訕笑」；三是眼神飄忽，露出奇怪笑容，會令觀者感到不安及不舒服的「不懷好意的笑」。

皮笑肉不笑　　　　　訕笑　　　　　不懷好意的笑

而令人舒服的笑容可以大略分為：一是嘴角上揚，不露出牙齒的「微笑」；二是會露出牙齒的「淺笑」；三是張大嘴巴的「開懷大笑」；四是靦腆的「害羞笑容」。但最令人感到最棒最真的笑容叫作 「杜鄉的微笑（Duchenne smile），因為這種笑容是從眉眼、從嘴角，真正發自內心地笑出來。

微笑　　　　　　　淺笑

開懷大笑　　　　　杜鄉的微笑

　　過去曾在修習中等教育學程的一年當中，因為無法任職正式的工作，在偶然的機會中經由朋友介紹，進入一家房屋仲介公司。附近開了很多同質性的公司，但是鄰居住戶幾乎是這家公司的客戶。老闆是一位女性，到底她是怎麼收攏人心的呢？仔細觀察之後，原來是她隨時帶著親切的笑容，並且將「菜市場哲學」發揮得淋漓盡致，在買菜的時候和很多人聊天，漸漸地取得許多人的信任，獲得許多房屋買賣的訊息，再加上良好貼心的服務態度，於是客戶源源不絕。

　　有鑑於此，我原本害羞的笑容，也在面對形形色色的客人之下，變得更直接更開朗，並開始改變自己，重塑自己

的形象，學習與人相處之道。所以那一年，我運用自己的特質成為超級業務員。當時，有一位女士到附近找朋友，剛好朋友不在家，需要兩、三小時後才到達，所以就到店裡坐一下與我聊天。在那一場愉快的聊天中，我們觸及的話題非常廣泛，所以她覺得我是一個值得當朋友的人，竟然當下就向我買了社區的一間房子，不但有空可以與我聊天，還可以置產。我問她為何這麼信任我，她回答因為我很積極聆聽，且適度表達自己的看法，最重要的是，我有「真誠的微笑」，讓她感到很開心，並且願意信賴我。

「笑容」是最強而有力的發電機，一個人能否有良好的工作進展，除了專業能力之外，能真心喜歡與人相處，時常將微笑掛在嘴邊，在職場上肯定會有較佳的發展。在職場上保持笑容，自己的心情愉快，也會讓你周遭的同事與朋友感到舒服，不僅讓你能為自己打氣，更能提升別人的士氣，還會為你帶來意想不到的效果，這也是一種「專業」的顯現。

在學校教學多年，無論平常多忙碌、壓力有多大，面對

同事與學生時，我總是笑容滿面，所以學生對我的印象就是
「很有能量的老師」。而且能夠帶給學生正向的力量，我自
己也覺得很開心。只要常常笑，發自內心地笑，讓笑容成為
「習慣」，別人自然會被你散發出來的特質所吸引。

微笑的力量，就是幸福的哲學。微笑能化解任何過不去
的問題，也能創造美好的人生。

微笑是我們站在人生的舞台演出，展現獨有風格的最佳
道具。

真誠的微笑，讓我們散發強烈吸引的能量。

能量Up！Up！Up！

　　在每日繁忙的工作中，要隨時保持高昂的鬥志與開朗的心境，看似有點小困難，不過我常用下列方法幫自己提升能量，大家可以試試看。

1. 運用丹田呼吸法，深呼吸3～8次，深吸深吐，愈長愈慢愈好。能活化迷走神經，加強副交感神經系統的活性。此路徑到達腦中的視丘，可以讓過度活化的腦區靜下來，降低焦慮感並且湧入安定溫暖的幸福感。

2. 聽自己喜愛的音樂，讓肢體律動起來。

3. 想像美好的人、事、物。

4. 轉移自己的負面情緒，不要專注在負面的訊息中。

5. 不開心的事寫下來，畫一個大叉，代表已經消除了。

6. 對著鏡子做鬼臉，牽動你的嘴角，就可以笑
　 開懷了。

7. 盤腿靜心，感受內心有溫暖的光源彌漫著肢
　 體內部，即可放鬆身心靈。

時間管理

時尚生活的美學，除了包含生活禮儀之外，最需要的就是時間的運用管理。現代人常掛在嘴邊的就是「我很忙！」「我沒時間！」，可是為什麼有的人還是可以從容自在地完成繁雜的工作，維持良好的生活品質呢？

為什麼時間總是不夠用？

全世界最公平的就是「時間」，「時間」不會因為我是富人就過得比較慢，也不會因為我是窮人就過得比較快，每個人一天都是24小時。可是為什麼大部分的人會沒有時間快速流逝的感覺，卻老覺得「沒時間」？因為「時間」沒有具體的形狀，看不到、摸不著，也沒有味道。「時間」也沒辦法像金錢一樣累積、貯存，每一天過去就是過去了，沒有充

分利用就是浪費了，第二天無法繼續累積前一天的時間。

所以古人說：「千金難買寸光陰」，尤其是現代忙碌的工商社會，「時間」是現代人最奢侈的商品。因此「時間管理成為我們現在必備的自我管理技能。

時間掌管的是「效率」。很多人常常「想太多、做太少」，常把時間花在逃避「不願意做」的事情上，卻不把焦點放在「必須做」的事情，徒然浪費時間，工作效率也就降低了。

艾森豪法則

日常生活當中，我們時常面臨時間的安排與抉擇，當同時有很多事情混雜在一起時，往往被緊急但不重要的事情絆住，處理事情也就沒有詳細規畫，反而未能將時間與精力花在重要的事情上，所以常常覺得時間不夠用，不知不覺就養成拖延的習慣。

首先要針對事情的屬性分成：重要、不重要；緊急、不

緊急，如此一來，就可以把事情分成：（1）緊急且很重要；
（2）不緊急但很重要；（3）緊急但不重要；（4）不緊急
也不重要，就可以得知處理的優先順序，這就是「艾森豪法
則」，請看下圖，便可一目了然。

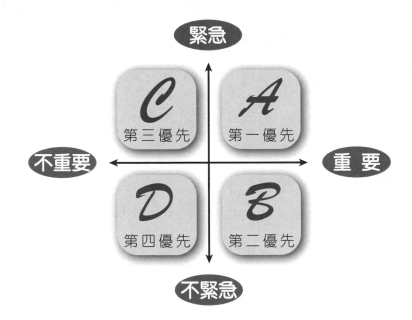

打敗拖延症

你是否明明知道該做什麼，卻總下不了決心去做？會不會看著工作或報告就煩，能拖一秒就是一秒？是不是總覺得自己很忙，但又確實沒在忙什麼，只不過一直上網看新聞、刷新部落格網頁？那麼恐怕你已經患上「拖延症」囉！

要克服上述症狀，必須有具體的方法，以下提供給大家參考。

1. 確定自己的生活與學習目標。

2. 釐清自己的責任並掌握優先順序，並設定休息時間，隨時檢視自己的規畫並保持計畫的彈性，做起事來就有效率。

3. 了解自己平日的生活型態與作息，並分析自己的時間作妥善的安排，找到最適合自己的法則，就是最佳法則。

4. 所有工作都要設定處理期限。

5. 從最困難的事開始做，簡單的工作最後再做。

6. 將自己的創意點子或是工作要點，記在筆記本上，以便隨時提醒自己。

7. 對於沒把握或是沒時間處理的事情，須勇於拒絕他人的請求。

8. 自己忙不過來時，可委任他人處理事情。

9. 遇上有時間壓力的事情，不要過分追求完美，最好在時間內完成較佳。

10. 每日的工作目標要設定在能力範圍之內，以免常造成挫折而放棄。

　　偶像劇通常會有一幕經典畫面，一對戀人發生誤會，其中一方想要尋找對方，看到對方站在對面的月台，正當兩人的眼神快要接觸時，結果火車剛好進站——啊，錯過了。我每次都會想「好可惜喔，差一點就成功了！」，回頭想想，我們做的每件事，是不是每一次「差一點」就成功了？

　　我們的心裡企盼迎接新事物、新變化的同時，卻常常裹

足不前，依舊在自己的舒適圈裡徜徉自在，即使知道問題在哪裡，卻不願以行動去改變舊有的生活習慣，即使行動了，往往三分鐘熱度，很快又回歸原有的生活模式。

　　美國心理學家研究發現：一種新行為至少需要重複執行21天，才會變成習慣。所以，建議大家至少連續21天不斷做同一個行動，以養成邁向成功的習慣。有時最好跳脫自己的框框，審視一下自己的現況，說不定就會想起：「不要拖延時間，再堅持一下，說不定就往成功的目標前進一步了！」

4招讓你不瞎忙

1. 錄音機理論

只要曾經學過或是曾看過的事情，一定都會殘存在大腦中，然後因為某個刺激就會再度出現。

〈方法〉

在筆記本上記錄自己的工作事項，寫下短、中、長期須完成的目標，把筆記本放在平常能看到的地方，就能啟動腦袋中的錄音機，隨時提醒自己該完成的事項，替我們省去許多麻煩，也會讓我們在進行各項工作時，可以順利地推展。

2. 一時一事法

一項研究顯示，人類一次同時掌握的事項有10件，但對於較有難度或不熟悉的工作時，一次專心處理一件事情較好。

〈方法〉

將精神聚焦於一件事上，靜下心來全心全意投入時，效果最佳。

3. 一時十事法

處理較為簡單或是較為習慣且熟悉的事情時，可以同時進行多項工作。

〈方法〉

例如：我們會邊看電視邊運動，同時娛樂又可以健身。

4. 由大到小、由討厭到喜歡

我們總習慣把討厭的事情擺到最後做，簡單容易處理的先做，如此一來，應該處理的重要事情反而沒在期限內做好。

〈方法〉

處理工作的優先順序，逼自己在第一時間內，

先從大型的、困難的、討厭的事著手處理，不要找藉口拖延。最後就可以用輕鬆的心情處理簡單的事。

5. 自我催眠激勵法

〈方法〉

我們內心都有一種「暗示」的力量，能不斷聚集起來，具有強大吸引力的能量，要常告訴自己能夠突破難關，並且能有效率地完成交付的任務，如此成功的機率會較大。

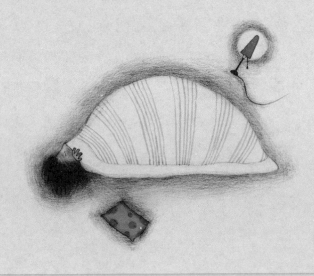

創造屬於自己的舞台

從基本功做起

許多年輕人畢業後第一份工作就想找「高薪」、「工作壓力不要太大」、「要能發揮所長的舞台」的所謂「好公司」，沒有回過頭來檢視自己具備的「條件」，卻常常抱怨別人不給我機會，失去許多學習探索的契機。但是「機會」是從平常展現出來的個人特質與專業能力得來，若表現積極得宜，獲得的機會自然比他人多。

「自我投資」永遠不嫌晚。若一家公司起薪不高，但是可以對你做多方面的訓練，那麼你要好好把握，不要浪費每一個環節的學習機會，全盤了解整個工作內容、工作流程和做事訣竅，便是快速提升自己的契機。若每份工作只是用

「蜻蜓點水」般的「過客」心態付出，不盡心盡力做好自己的本分，那麼怎麼能要求別人給你舞台發揮呢？「人際存摺」又從何建立起來呢？

職場的新鮮人從基層做起並不可恥，若能一步一腳印，每個當下都用心學習，即可發掘另一片天地，「腳踏實地」是職場不變的真理。

大專畢業前，老師就把我預約到他所開設的髮型公司工作。回頭想想，原因在於，因為我在課堂上展現了自己的美感與能力。在每份作業和報告中，我都秉持全力以赴的心態達成，也會適度告訴老師對於將來的職涯規畫，夢想成為一位可以幫很多人變美的工作——整體造型師，將自己所學發揮到極致。

畢業後進入第一個職場的第一份工作是「髮型助理」，老師認為我必須從基層做起。每日工作超過十小時，雖然很辛苦，但我從不覺得自己「卑微」與「低下」，也常向他人虛心求教。下班後，拿著假人頭不斷練習，看許多髮型書，

再慢慢整理自己的構想，以便在幫客人洗頭時有很多話題。我自己體認到，這是累積實力的必經過程。當時很多客人都覺得我是很親切專業的助理，所以常常買小蛋糕、小禮物鼓勵我。

其後，家中母親生病回家照料，被迫放棄這個夢想，轉而擔任行政管理工作。過程中，逃避、痛過、苦過、忍耐、求生存等種種經驗不斷考驗我面對現實的勇氣，不斷捫心自問「我要的是什麼？」、「我害怕的是什麼？」、「我的優缺點是什麼？」，最後得到的答案是：「我喜歡與人相處」、「我喜歡幫別人打扮」、「我的夢想是幫很多人變美」，所以我願意留在這個行業。

在美的行業中多年，無論是「公關、管理、教育訓練、美感訓練、業務發展、心靈輔導、展店、招募人員、學校宣傳、媒體營造」等工作，我都用心學習、努力實踐，最後有能力擔任一位全方位的管理者，更體會這個行業的辛苦、盲點與發展方向，也了解人員的晉階所可能遇到的困境，更懂

得「將心比心」，凡事要多角度看待，不執著於既定的概念、但要把持原則，懂得體恤基層人員，這些都源自於基礎學習時的感悟。

團隊的成就是大家的成就

離開了「美」的行業後，美國迪士尼公司全球巡演的嘉年華會來台公演半年，需要台灣的服裝組人員。雖然我知道我的英文能力不是非常好，但我相信自己的工作能力應該可以勝任，很幸運地，我得到了這個工作機會。

見識到大公司幕後的嚴謹。每一個細微項目都有詳細資料，例如，每一個角色的配件──假髮、項鍊、手鍊、鞋子、舞台服、韻律服等──都會詳實紀錄下來。每個人被編派的工作細項都要一一檢核確認。每個卡通人偶當天演出後就要送乾洗，隔日我們必須很仔細地刷毛，讓整個毛色均勻流暢。包括每一段音樂到哪一個段落時，我們該在哪個角落出現？該拿什麼配件？幾分鐘要進行下一個流程？要如何和

舞者配合？這些都要求仔細又快速。

　　當時，我在幕後分配到的工作是「Quick Change」，或許因為前一份工作把我訓練得眼明手快、臨場反應快速，除了每日例行性的刷毛、折疊衣服、改衣服、協助舞者的著裝之外，我還要負責協助一位固定配合的舞者，在節目演出上秀時，把「灰姑娘」在舞會中的造型迅速轉變成「小美人魚」。「灰姑娘」下秀時，需要從舞台左方奔跑至舞台右方，然後完全換裝成「小美人魚」。而「小美人魚」是一場場面非常豪華精緻的大秀，舞者要在舞台上吊鋼絲，舉凡假髮、魚尾、魚身、服裝配件等都馬虎不得，沒有多餘的時間可以躊躇或是犯錯。

　　在這次的工作經驗中，不管是「時間的調配」、「每個環節的流暢度」，或是「對舞者的悉心照顧與態度」，讓我得到非常多的感動與快樂。在工作上，放下個人主義，將自己融入團體，盡力與工作人員培養絕佳默契。雖然需要以英文與舞者溝通，擔心他們不太懂我想表達的心意，但是透

過微笑與禮貌，適度的肢體語言溝通，減低了語言的障礙且能達成良性的互動。「微笑」是全世界最受歡迎的語言，是人與人之間最佳的橋梁，這半年與外國舞者建立起的革命情感，也是我這一生中最喜悅與懷念的時光。

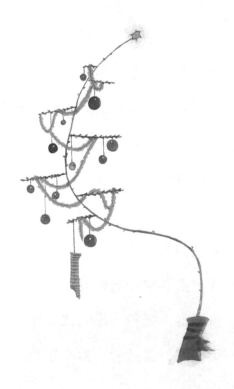

主角、配角輪流做！

1. 成功的舞台是許多人努力合作的結果，並非單一個人的成就。

2. 你的工作伙伴除了要默契相投之外，仍需有與你不同類型的人，才能跳脫思考慣性，並激盪出創意的火花。

3. 學歷背景只是第一道關卡，一旦進入職業舞台，最看重的是你做事的態度與方法。

4. 在舞台上發光發熱的不二法門是：認真與努力、有投入才能深入、展現你獨有的天分。

5. 選擇最適合的舞台，才有發揮的空間與機會。不是每個地方都是你的舞台，要懂得進與退、主角與配角的轉換。

6. 凡是全力以赴，即使是最微不足道的工作，也有存在的價值。

7.在你還沒當上「主角」前,要善盡責任把「配角」的角色扮演好。

8.一個成功的舞台,不只靠「主角」的魅力,若沒有「配角」的烘托,這個舞台也將相形失色,所以要正視自己的價值。

9.一個人若可以有彈性地擔任「主角」與「配角」,這樣的人生更為寬廣與自在。

10.「真心誠意」是人際相處間最珍貴且難能可貴的東西,這樣的態度將會為你帶來更好的機會與緣分。

「態度」是下一個機會的通行證

　　有學生提出疑問：「想要成功，學習過程一定要咬緊牙關艱苦奮鬥嗎？」我回答：「是的。」在每個階段下苦心學習，本來就是追求成功的必要工夫，若是真心想要追求成功，並不會真的感覺很苦，反而會以開朗的心情及有創意的想法面對任何事情。若是對每件事感到興趣缺缺，只以消極的態度面對，那麼首先必須「內觀自己」，看看自己的問題，然後改變生活型態，紓解壓力，調整自己的身心靈，自我反省並向他人請益，不需要尋求「外在的解決方式」，關關難過關關過，自然水到渠成。

　　也有學生向我抱怨現在社會不公平，都不給年輕人機會。可是我們可以想一想自己具備了什麼條件，要求別人應該給我們機會？若不想從基礎學起，從小地方累積成績，讓別人看得到你的成果，只希望一步登天，任何事都不願意屈就，只想當老闆、當主管，那麼交換一下立場，我們會冒險

給這樣的人機會嗎？所以，不如穩紮穩打，加上謙虛地面對他人，不用自以為聰明、便宜行事的方式，別人自然會看得到你的努力，學歷僅僅是一個基本門檻，專業能力與續航力才是最重要的，若能常常思考「職業」的意義，多為他人設身處地著想，尋求解決之道，時機成熟必能闖出一片天地。

請你跟我這樣做

1. 多閱讀。（例如：成長、休閒、健康、開心、放鬆等類別的書籍。）

2. 多練習寫字，背誦有內涵的文句，有助於深層思考。

3. 鍛鍊並克服壓力與負面情緒，以免落入低潮。

4. 運用心智練習法，將成功的畫面印在腦海中，為自己加油打氣。

5. 偶爾跳脫既定的思考模式，不要太執著是與非、對與錯，用心感受即可。

✿ 幸福小語

「創意」的發想，是對生活與生命的感動，是想要超越、想要更美好的企圖心。

✿ 每天改變一點點

PART B
商業社交禮儀

　　熟悉辦公室禮儀絕對是現代人在職場中必備的知識，若是舉止合宜則會顯得落落大方有自信，若是不清楚辦公室禮儀，則會感到進退失據而造成雙方尷尬，影響專業形象。接下來我們將一一介紹辦公室禮儀應注意的地方。

居間介紹

　　在辦公室中，居間介紹訪客與同事互相認識，是相當常見的場合，這時我們該注意的重點有下列幾項：

1. 由職位低或年少者介紹起，但在人多的場合就不必過於拘泥。

2. 被介紹之人應主動將自己的名字再重複一次。

3. 介紹自己公司人士給外部人士時，可以捨棄對他們的尊稱。

4. 介紹外部人士時，應在姓氏前加上頭銜，如「○○公司業務部的陳經理」，而非「○○公司業務部經理陳先生」。但是介紹高階人士時，就必須說「○○公司董事的陳先生」。

5. 向長輩、朋友、同事介紹時，要注意站姿，不要以三七步站立，以免讓他人觀感不佳。

介紹時，除了注意被介紹的對象外，也應注意什麼時機點不需要介紹：

1. 他人正在行進時，不宜喚住他人，強行介紹。

2. 不宜為正在談話者作介紹。

3. 新加入的人與即將離去的人，不需要居中介紹。

細節貴在用心

1. 點頭示意

遇到初識者若不方便握手，可以點頭示意表示友好。若有不小心搶道或做了小錯事，除了說「對不起」、「不好意思」之外，用柔和的眼神加上點頭示意，會讓對方感覺較為貼心。

2. 舉手與招手

不宜用單指來指引，宜五指併攏才不會失禮；在餐廳中若需要任何服務，應該有禮地招手或舉手，不宜大聲叫喚，如此一來，才能營造有禮的形象。

交換名片

名片是在商業社交禮儀中，傳遞身分的基本工具，其重要性如同自己的身分證，因此最好不要任意發放或是當成「便條紙」使用，以免讓人感覺不尊重自己的專業與價值。

在接觸過的一些業務人員中，他們每次來訪時，總會把日期與祝安的用語寫在名片上，但是都沒有與我正式碰到面，所以會發現同一個人發了六至七張名片給我。所以如果有機會面對面時，忍不住會開玩笑地問：「請問你的名片集滿幾張可以兌換什麼禮物嗎？我已經認識你了，有事情的話你可以留言，我的桌上有便條紙，不需要用名片寫，這樣似乎不太環保，也沒有什麼意義。」對方就回答：「這是公司教我們要這樣做的，表示我有努力來訪問您，而且我名片好多，不知道要發給誰？」一聽到這樣的回答，就會知道這樣的員工訓練著實嚴重不足，也足以證明公司對商業禮儀沒有概念。

　　既然「名片」是身分的表徵，任意發放就是不尊重自己的工作與身分，特別在這裡整理以下重點，供讀者參考：

遞出名片

　　一般在商務場合，與朋友、陌生客戶見面的第一個動作就是遞名片。不要小看遞名片這個小動作，如果稍有疏忽，便可能錯失商機。

1. 名片正面朝上，字體正面要朝向對方，以利對方馬上辨識名片內容。
2. 手不可壓在名字上。
3. 目光看著對方雙手。
4. 輕輕地點頭微笑示意。
5. 遞名片時複誦自己的名字，以增強對方之印象；若是名字不常見，複誦名字剛好同時告訴對方正確的發音。

收取名片

當對方遞名片給你時，單手或雙手接名片都可以，但眼睛要先注視對方，再回頭看名片。

1. 接過名片後，要微笑地注視對方並表示感到興趣，不要立刻塞進名片夾，應先仔細端詳，有不懂的立即請教對方。

2. 複誦對方的名字，以增強自己的印象。

3. 不可把玩對方的名片，以免讓對方感到不悅。

4. 在交談中，名片應該用左手持住，不得任意丟棄一旁。

交換名片的時機

前文介紹的是接遞名片應注意的禮儀細節，然而接遞名片的時機若不恰當，也會令人心生不悅。

1. 與陌生人或不熟識的人交談過程中，不要過早遞出名片，以免打擾到別人，或給他人自我推銷的印象。

2. 除非對方特別要求，否則不要在年長者或是上位者面前主動出示名片。

3. 不要到處散播名片，以免讓別人認為你居心不良或別有企圖。

4. 參加會議時，應在會前或會後交換名片，切勿在別人發表言論時發名片，以尊重會議的進行程序。

5. 名片不可在用餐時遞出，以免弄髒名片。

6. 介紹完畢之後，下位者要先遞給上位者，男士先遞給女士，公司的同事先遞給顧客，年輕者先遞給年長者。

7. 放置名片可以用「名片夾」或是個人的錢包或公事包，不宜任意從口袋取出，以免名片毀損。

商務往來的場合，千萬不要小看名片的重要性，這可是人脈管理中很重要的一環。適當地使用名片，可以讓你的名片受到重視；若能管理好名片，人脈也得以擴展，從而事業亨通。

握手

　　握手是現在社會大多數國家相見時最常用的禮節，最早起源於歐洲。當時人們為了表達善意，讓對方知道自己手上沒有武器，所以才需要伸出手來，演變成今日的握手禮節，所以「握手」代表著信任與平等的互動關係。

　　在日常人際交往中，見面或者行再見禮時都可以用握手來表示，通常男士比女士更有機會以握手來互動。舒服自在的「握手」，應該是讓對方感覺到適當、堅定、有力，而且愉快，傳遞的是一種可以信賴並具有決斷力的感受。如果「握手」的方式讓人感到不安、猶豫不決、飄忽、畏縮，通常會令人不悅及反感。以下讓我們來看看「握手」的訣竅。

如何正確握手

「握手」是非常簡單的非語言交流動作，被視為熱情、友好和真誠的象徵。所以，不要小看這個禮儀，如果握得好，可以加深對方記住你的機會。

1. 雙方的距離大約為伸出一人的手臂長度。

2. 伸出右手虎口對虎口、四指併攏、掌心貼掌心緊緊地握。

3. 社交場合中，女士宜半握，不宜過緊。

4. 握手時要注視對方眉宇之間，嘴角微笑以示善意。

5. 握手時可上下輕微搖晃，不宜左右大力搖晃。

6. 握手的時間以2～3秒為佳。

7. 掌心須保持乾燥，切勿汗涔涔地與他人握手。

8. 伸出手的時候，確保手掌對著側面，此舉意味著自信與位階一致。若是手掌朝上，意味著一種順從。而伸手時手掌朝下，則意味著自我感覺良好。

9. 男士在正式的社交場合中，以脫去手套為原則；女士雖可不必脫去手套，但是遇到年長者或地位崇高者，仍需要脫去手套以示尊重。

何時是握手最佳時機

雖然現代人與他人握手致意的機會相當高，尤其以男性來說更是常見。不過所謂「有禮貌」也包含恰當的時機，若時機選得不對，本來「有禮」也會變成「無禮」。

1. 男士對女士不宜先行伸手請之握手，須等女士先伸手，再與之相握。初次見面僅需要微笑點頭即可。

2. 男士年長或地位崇高者，就可以主動握手。如兩人極為熟識，亦可同時伸手相握以表示友好。

3. 主人對客人有先伸手相握之義務。

4. 面對長官或者是主人，必須等他們主動伸出手，然後才可以伸出自己的手。

5. 每次握手的時間不宜超過5秒；握手時，眼睛應注視

對方，同時點頭並面露微笑。

6. 凡小規模之應酬集會，臨別時，無論男女賓客，均可握手道別。

握手傳遞的訊息

有人說由「握手」的方式可以看出一個人的性格，由此可知，「握手」所透露出的訊息遠比我們想像的多。「握手」握得好，等於替自己買到通往成功的第一張票。

一般而言，握手時，若是力道適中堅定，時間恰當，那麼，代表此人自信有禮、能做決定、承擔風險、負責任、有見識，比較能夠得到他人的信任。如果握手時軟弱無力，時間過長或太短，代表此人是個猶豫不決、心思紊亂、性格軟弱、狡獪、不知進退的人。

所以下面讓我們好好地來練習「握手」。

握握手、交朋友

1. 以兩人為一組，站著互相注視對方，並伸出手，伸出的長度約為一個手臂長。

2. 同性別的兩人各以虎口對虎口練習。

3. 不同性別的組別，女生先伸出手來與男性半握，不需握緊。

4. 兩人彼此寒暄簡單地自我介紹：「你好，我是○○○，很高興認識你。」

　　現在對自己是不是比較有自信了呢？

電話禮節

　　我們在日常生活或是社交場合中，有許多時候只能聽見聲音而無法看到對方的樣貌和表情，尤其在現今電子通訊充斥的年代更是如此，所以更應該注意電話通訊的聲音、語調和禮節。

接聽電話的基本禮節

　　在商業場合中，接電話時若以「喂、喂」或者「你找誰呀？」為開端是不被允許的，特別要注意不可以毫不客氣地以查「戶口」似的語氣，一個勁兒地問對方：「你是誰？」或者「有什麼事呀？」

　　以下重點式介紹接聽電話時，較適宜的用字遣詞及應注意的禮貌，供大家參酌。

1. 電話響起3～5聲內接聽

記得有人曾說，若是主管打電話給下屬，響了一聲就馬上接起來，主管會認為是不是太優閒了，沒其他事情做，才會接得如此迅速；響太久還未接聽，可能是跑去混水摸魚，不在工作崗位上。所以最適當的響聲為3～5聲，才是合理的範圍。

2. 記得打招呼

接聽電話後，可直接對對方說：「您好，這裡是○○公司，很高興為您服務……。」或者可以依照公司的業務需求設定，並且以開朗堅定的語氣說明。

3. 確認對方公司名稱及來意

聽電話時，應問明來電者的公司名稱，可以問對方：「對不起，您是哪位？」

問清楚後，可以再複述一次，以避免有所疏漏或是訊息傳遞錯誤。此時可以向對方說：「不好意思，我再幫您確認一次，您剛剛說的是……，請問是否正確？」

確認後，要向對方說明：「請稍等一下，我幫您轉接。」

4. 電話結束時的招呼語

電話結束時，隨時將「我明白了」、「謝謝您」、「麻煩您了」掛在嘴上，讓對方感受到你的彬彬有禮。此時，可以向對方說：「我明白了，謝謝您的來電，我會將您的意思傳達給○○主管，請您放心。若有任何事情，歡迎再打電話來告知，我一定全力幫您服務……，謝謝您，麻煩您了。」

5. 等對方掛電話後，再掛電話

自己不宜匆匆忙忙地掛上電話，應等對方確實完整表達內容之後再掛斷，否則顯得過於失禮。

如何用最恰當聲音和語調接聽電話

接聽電話時，就算用字遣詞已符合上述的標準，若是口氣平淡，或說話速度太快，導致對方感覺不佳，都是不適宜的行為。說話時，我們應注意：

1. 以口齒清晰、健康開朗、溫和自然的音調向來電者寒暄。要面帶微笑，因為會直接影響說話的音色及情感的表達。雖然對方看不到你，但會感受到你的情緒與溫度。

2. 速度不宜過快或過急，以免遺漏對方說話內容。

3. 簡單明瞭，切忌牽扯過多雜事。

4. 商業電話中，用尊敬客氣的語氣是基本禮貌。

5. 「附和」要有禮貌與技巧，讓談話進行更順利。

6. 幫人轉接時，務必將其重點記錄並轉告當事人。

7. 用語應簡單易懂，不宜說太多專業術語及簡稱。

8. 不要有太濃濁或是不當的呼吸聲。

9. 口氣要堅定沉穩，讓人感受到專業與信任。

10. 語調若讓人感到冷淡、不易親近，是一大忌諱。

基本的留言禮儀

如果同事開會中，或有其他事務在身不方便接聽電話，

應注意下列事項，以免引起對方不悅，並清楚表達可代為轉達的訊息。

1. 確認對方公司名稱、個人姓名（全名）及來電日期與時間。

2. 確認對方方便的聯絡方式、電話及方便回電的時間。

3. 表明願意接受對方的留言並轉達給相關人士。

4. 先說自己的姓名、部門或電話，以利後續的追蹤。

5. 把重點明確地寫在留言紙條上，並放在同事座位的顯眼之處。

6. 傳話最好利用紙條與口頭並進，以避免疏漏。

7. 若需要轉接時，可按下「保留鍵」，不要讓對方等待超過30秒。若無法確定時間，可詢問對方：「轉接可能需要花點時間，是否稍後再回您電話？或是您可以稍等一下？」不宜無聲無息讓對方等太久。

辦公室禮節
——職場倫理的展現

前述所談多數屬於商業社交禮儀應有的舉止行為，大部分可以藉由觀摩學習而得。

但是在職場中，存在著一種無形的辦公室倫理，它也屬於辦公室禮節的一環，卻容易被大部分社會新鮮人所忽略。原因在於，所謂「倫理」聽起來太抽象，基本上不太可能會直接由同事的口中得知我們的舉止是否符合倫理，只能用心體會與感受。

工作熱忱

在工作場合中，無論身處何種職位、何種身分，對自己分內的工作職掌應全力以赴，並主動學習、深入了解自己

本身的職務內容與職責，若客觀條件允許，盡量在能力範圍之內協助其他同仁，才能建立互助互信、共同努力的公司文化。除此之外，目前大多數稍具規模的公司，大多設有公司網站，身為公司的一分子，應該花時間研讀公司的創立理念、公司文化、組織規模、未來願景、人事職掌等，理解公司的文化傳統。而這些內容不需要等你的主管來教你才會理解，也不會有人主動告訴你需要去了解。所以，企圖心與對工作的熱忱是社會新鮮人學習的第一步。

　　一九九〇年代，曾有一套風靡一時的漫畫——《惡女》，當時很多即將步入社會新鮮人奉之為圭臬，鼓勵自己勇敢踏出去。內容描述一位三流大學四流成績畢業的女生，進入了知名企業工作。一開始她被公司編派負責低階的端茶水、泡咖啡等庶務性工作。但她能細心觀察每個人的習性，依據每個人的喜好泡茶，讓即使是無趣的泡茶工作也充滿樂趣，更做到其他同事指定要她泡的茶和咖啡。對清潔人員也以禮相待，她能透過公司小人物的訊息傳遞，提升自己的創

意思考，使自己在基層工作中的眼界更為寬廣，因此，很快
地，她提升了自己的能力並得到上司賞識。《惡女》的女主
角說：「我雖然不聰明，可是引擎全開，發動我所有的能力
去做。」所以這部漫畫給我最大的啟發就是：不要畏懼職位
低下，只要全力投入熱忱，終究會有被賞識重用的一天。

公私分明

除了展現工作熱忱和企圖心之外，我們也必須體認，職場是工作的地方，必須公私分明。我們常將「情、理、法」掛在嘴邊，「情」是第一順位，通常是指人情事故，大部分的人會因人情事故，做起事來絆手絆腳。但是，我對「情」的詮釋是：對於工作的熱忱與執著，並非只是人際關係的人情世故。若能釐清「情」的真義，就會公私劃分清楚，不會以為職場中別人對自己的要求，是因為不喜歡自己，而會公允地認知到，是因為自己的工作態度和成果沒有達到要求。

過去在服務業擔任管理職務時，剛開始常為「情」所困，基於同事情誼，總是覺得困擾。後來，我告訴他們，我對工作的要求是對事不對人，期待他們對公司目標有情，對自己有所要求，盡量讓公司的運作更加流暢，在誠心誠意的溝通及尺度適切的拿捏之下，同事之間漸漸能夠理解，情誼也更加深刻。

提攜後進

菜鳥怕犯錯、閃躲責任；資深員工攬起大多數工作、無法盡善盡美，又不願交付他人，在職場上屢見不鮮。如果公司裡面，人人仗著自己資深就欺負新人，那麼又如何引領團隊繼續前進呢？

一個願意提攜後進的人，對自己的工作能力通常有充分的自信，也會不斷挑戰自己，提升自己的專業能力與工作效率，所以他願意把自己所學教給新人，如此一來，工作職掌分層負責，做起事來就不會感到疲累不堪，也能完美地達成工作目標。而這些要求，不能單靠上司的教導敦促，也得有自省自覺的能力。

不同的產業或部門，來自同質性及異質性的員工，在帶領新人時，要創造員工個體的「價值感」，若是主管只用自己的方法壓榨員工，卻不顧及每個人的差異化，甚至限制其創新的想法，或許這些舉止對員工或下屬的要求

與立意是正確的，但是土法煉鋼的方式帶人的效果卻較差。所以在提攜他人時，除了教導專業知能外，更可以協助規畫其職涯發展，促進快樂工作的動機與方法。每個人對於自己設定的目標，希望達成的欲望通常較為強烈，可是個人的意志力是否夠堅韌，並不能單靠上司的教導與敦促，也得有自省自覺的能力，才能提升自己的工作能力。

創造優質工作環境

每個人都希望在一個優質的工作環境中貢獻一己之力，然而優質的工作環境需要靠所有的同事一起努力。只要同事之間，不用輕蔑口吻對待他人，不在背後渲染不實謠言，不隨意批評他人，尊重他人的隱私和多元角色，摒除性別刻版印象，無論男女都有其工作上的價值，職場的氛圍無形中便會流露出同甘共苦、全力以赴、用心用情的氛圍，那麼，這種可遇而不可求的工作環境自然就不是夢想了。

網路禮節

　　前面我們談了很多商業社交場合要注意的禮儀。然而，現在有一種媒介，不需要面對面就能交流，這個媒介就是網際網路。網際網路不同於傳統的報紙、廣播及電視，它的傳播速度快、成本低，但如果使用不當，反而造成他人的困擾。現代人愈來愈依賴用網際網路互相傳遞訊息、溝通聯絡，除了應該了解網路相關法規之外，更應該遵守網路禮儀，才不致發生傷人又傷己的情況。以下是最為大眾接受的網路禮儀，提供給大家參考。

1. 不宜在網路上任意散播不實謠言，若是惡意中傷他人，甚至可能涉及違法。

2. 不宜用不雅文詞。在社群網站中，這些記錄有可能成為將來職涯上的阻礙，因為談吐代表一個人的修養，

有些企業會列入員工考核的參酌事項。

3. 與網友意見相左時，切勿做情緒化的人身攻擊或以不雅字眼謾罵。

4. 假如你認為他人違反了網路禮儀，盡量以私人電郵告知對方，保持禮貌。對方可能不知自己犯錯，或是網路新手。

5. 即使不是有意，也應注意避免成為網路謠言的幫凶。

6. 尊重智慧財產權，不要任意剽竊他人文章。

7. 不寄發垃圾郵件，不散播電腦病毒。

8. 未經事實查證，請勿任意攻擊他人。

9. 尊重他人隱私權，未經本人同意不宜任意散播。

10. 社群網站的經營，如同個人的形象展現，無論發表的言論或是張貼的文章，都是個人的素質，不宜分享不雅廣告或負面文章或媒體。

　　真實世界中，人與人之間的相處有一套約定俗成的禮儀，為一般人所能接受的人際互動表現。虛擬的網路世界也是一樣，請務必記得，其他的網路使用者也是人，也需要被尊重，因此自然而然就會發展出一套規則以供遵循，這就是「網路禮儀」。若是忽略網路禮儀，輕者造成他人困擾，重者則引發筆戰，實在是一種不愉快的網路經驗，反倒違反當初使用網路的初衷了。

❀ 幸福小語

每一件細微的訓練，都是成就大事的基礎。

❀ 每天改變一點點

PART C
整體表達技巧

現代人每天要面對繁重的工作壓力，除了得不斷加強專業能力外，也必須學習與他人建立良好的溝通關係。或許你曾經有種經驗，羨慕別人可以在社交場合自在地暢所欲言，清楚地表達自己的看法且廣受歡迎，連帶地在工作上的表現也有不錯的發揮。

由於現在的學生身處網路世代，習於面對電腦，人際的溝通能力相對較為薄弱，不少剛畢業的大學生便顯得不善於溝通或在溝通中抓不到重點，很容易在人際關係上產生矛盾和衝突。如果懂得與人溝通協調、應對進退，通常工作會有事半功倍的成效。

溝通就是有意義的連結

「溝通」是日常生活中，最常見的社會現象之一。人與人之間訊息的互相傳遞交流，皆有賴於良好的溝通，才能完整地表達。

「溝通」最基本的流程是：某人透過途徑，向他人傳遞了訊息，最後得到的效果與回饋。所以，自己的訊息如何正確地傳達給他人，他人是否正確地解讀你的訊息，這關係到事情的成敗與否。有些人明明專業能力頂尖，為什麼成就卻不成正比？道理很簡單，可能溝通過程中在周圍築起一道牆，阻擋他人進一步表達他的想法，只會自說自話或說話帶刺，自然不容易得到資源與支援，又如何成事呢？有道是：「先做人，後做事」，溝通能力的好壞，是會影響一個人的成就的啊！

最基本的溝通技巧，就是學會以「建議」代替「批評」，大家可以參考下列建議，多多注意講話時的遣詞用字，或許會發現有意想不到的效果。

1. 人人都愛聽好話，所以先給糖吃，真心地稱讚對方，後面再真摯地給對方建議，對方就比較容易接受。

2. 一般而言，發生誤解通常是雙方面的事，自己並非全無過錯，建議最好先檢討自己，之後再好好跟對方說明，較不會產生不愉快。

3. 沒有人喜歡被命令，所以最好以建設性的發言內容代替發號施令，避免令人不悅。

4. 大多數的人都好面子，所以當對方做錯時，可委婉間接地提醒對方，不宜當面指責，甚至有時需要給對方台階下，以免對方下不了台。除非對方有過當的行為，才需予以當場指正。

5. 在職場中，先理解對方的情況固然很重要，不過也不要當濫好人，一定要懂得保護自己，該拒絕的時候

就要拒絕，只是語氣要委婉，以免陷自己於困境之
中而難以收拾後果。

不小心冒犯別人時,該怎麼補救?

每個人都可能因為一時疏忽而做出令對方感到不愉快的事情,刻意掩飾自己的過失或逃避責任,是最不智的反應。若能勇於面對,並用心彌補,說不定還會讓對方感動,並且對你印象有所改觀。以下提供我們做得到的補救措施:

1. 自我解嘲,並說明自己的糊塗並表達歉意。

2. 用幽默及機智來化解尷尬與危機。

3. 用大笑、微笑或傻笑及誠意感動對方。

4. 當面帶著小禮物致歉。

5. 寫信或是寫卡片致歉。

運用網路郵件或是電子賀卡,精心而細膩地致歉。

尊重與接納

　　既然良好的溝通能增進彼此之間的了解，更深層認識雙方的想法，那麼學習「尊重」與「接納」他人與自己之間的相異之處，便是建立正向的人我關係最重要的指標。「尊重」與「接納」更是衝突之時協調的竅門、化解問題的途逕。

　　「尊重」代表一種同理心，是一種真心誠意的行為。我們很容易不知不覺中，就以自己標準來判定別人的行為舉止，是否符合我們心目中的常規與要求，而沒有試圖了解每一個人的特性。

　　我們應該學習接納別人的缺點、欣賞別人的優點，用堅定的態度與微笑有禮的方式請對方修正缺點，將會比「叱責怒罵」的效果來得好，進而與他人和諧相處。當了解到每個人都有自己的特色與價值，我們就能易地而處，以開放的心胸肯定自己與他人。

希望更受歡迎嗎？

現在我們已了解，以「建議」代替「批評」是溝通表達的基本能力，「尊重」與「接納」是建立正向人我關係最重要的指標。

不過進一步想，如果可以更受家人、同事、朋友的歡迎，豈不是更棒？所以，現在讓我們來看看，受大家歡迎的訣竅有哪些？

1. 展現幽默感。在工作場合中，若遇到周遭瀰漫著沮喪的氣氛，建議可以用「幽默感」來提振大家的情緒。「幽默」是最有智慧、道德與通情達理的人格特質，善用「幽默」，可以為你帶來好人緣；不過要注意，千萬不要開玩笑地貶低他人卻自以為幽默，那就適得其反了。

2. 積極地傾聽。鼓勵對方多談他自己的事，當我們表現出對對方的話題有興趣時，肢體與眼神都能讓對方

感覺到被尊重與欣賞。久而久之，大家自然喜歡與你親近。

3. 不隨便打岔。與人交談時，若有不甚了解的議題，不要隨便插話擅自表達自己的意見，以免氣氛僵化，讓場面顯得尷尬。

4. 樂於當開心果。有誰喜歡看別人一天到晚愁眉苦臉呢？所以凡事樂天知足、適度自我解嘲的人，通常是人群中的開心果，到任何地方都會受歡迎。

5. 適時適度地讚美別人。每個人都渴望被讚美、被褒獎，若善用人性特質，不吝給予他人真心誠意的讚美，可以拉近彼此的距離或是化解不自在的氣氛。不過讚美要有技巧，不宜過度吹噓、虛情假意，過度浮誇只會令對方以為有所企圖或產生不信任感。

6. 培養興趣與見識。在職場中，我們本身能做的就是加強自己的專業能力和工作態度，不需要汲汲營營於追求加官晉爵。若能撥出一部分時間，多關心流行

議題，多閱讀不同領域的書籍，鑽研在喜愛的事物上，那麼能談論的話題就會相當豐富，他人也會樂於與你談話。

7. 大方接受別人的恭維。當別人稱讚你時，你可以大方地微笑回應：「謝謝」、「感謝你」、「你今天日行一善喔！」、「有時我也這麼覺得自己真的很棒耶！哈哈！」不必自我貶抑或拒絕別人的讚美，這樣才不會令對方感到尷尬。

迷人的語言魅力

　　記得小時候最喜歡看故事書、漫畫和國語辭典，對於「造詞」與「造句」特別有興趣，只要老師要我們寫作文，我就會試著用不同的詞彙來形容同一件事情。例如：「今天的天氣晴朗，最適合到郊外走走⋯⋯。」我就會發揮成：「今天的太陽正在微笑，溫暖的光照亮著我，讓我不由自主地想接觸大自然，沐浴在陽光的洗禮中。」也因為浸淫在故事與文言文的想像中，由此養成語彙表達的豐富性。

　　一個人的語言若具有豐富性，在公開場合中演講就不會冷場，將會引得台下聽眾目不轉睛。語言表達的豐富性包含哪些面向呢？以下簡單介紹一下：

　　1. 修辭豐富：平時須多閱讀，發揮想像力，嫻熟使用成
　　　　語、俗語，有時利用意想不到的形容詞，其表達的

意思之生動、貼切和到位，通常能引發聽者莞爾一笑。

2. 句式豐富：有時為了加強語言表達的效果，可使用長短不一、陳述或感嘆來表現，聽者較不易感到單調。

3. 節奏豐富：抑揚頓挫的音色、音量變化，較常在演講台上表現，若能熟練掌握其精髓，便能牽動聽眾情緒，扣人心弦。

以上這些要訣，平時就必須時時刻刻有意識地培養，如果臨時抱佛腳，以挫敗收場的機率很高。想在我小學四、五年級時，就發生一個慘痛的經驗，老師臨時要我頂替一位同學參加即席演講比賽，當時我沒有任何準備，事前也沒有充分練習，記得抽到的題目是：「請敘述美麗島事件」，當場腦筋一片空白，只能以不痛不癢的「老師、同學大家好，台灣是個美麗的寶島……」為開場白，台下同學的訕笑，造

成我日後很長一段時間的心理陰霾，這就是臨時抱佛腳的後果。直至上大學，被系主任推薦參選「學生活動中心總幹事」，不得不每天不斷練習與背誦，訓練自己的語言魅力，才慢慢找回自己的自信。

傾聽展現氣度

在前面的文章中，我稍微提過「傾聽」是溝通方式之一。在這裡我特別提出來再做深入探討。現在很多職場新鮮人最常出現的通病，是對周圍環境的氣氛不夠敏銳或無感，有時為了讓自己成為眾人的注目焦點，便自顧自地滔滔不絕闡述自己的見解，無視於對方的尷尬與不耐煩，很容易呈現「狀況外」或「放空」的情況，不僅讓人臉上有三條線，還會逼得旁人盡量避開。

「傾聽」是一門藝術，是「溝通」過程中的一項重要元素。在人際交往的過程中，須善於觀察對方的言行舉止及「身體語言」，若能聽懂別人說話背後的涵義，態度謙虛且目光專注，說話避免脫軌繞圈子，積極地聆聽並適度回應，以「點頭」、「嗯」、「好的」、「我懂了」、「我知道

了」等來表示自己確實聽懂並鼓舞對方繼續往下說，那麼便容易贏得他人的親近感與信賴感。大家可以發現，說話時，其實重點不只在說話的內容，更是隱藏在肢體動作及表情、語氣背後的意義，當自己真心地「關注」對方的話題時，對方就願意透露更多的訊息，進而了解對方，而能有所「行動」，這些能力都需要長期培養，才能與對方有相同的頻率，進而「感同身受」。當我們對對方「感同身受」，那麼便能異中求同，在雙方歧見中取得共識，在強調團隊工作的時代中，這是非常重要的一環。

除此之外，不少青少年或職場新鮮人，並不擅長把自己的想法清楚地表達出來，反而覺得對方不了解我。這個時候，千萬不要責怪對方「難溝通」，相反地，有時要回過頭來想想：「我是否正確傳達了自己的想法？」，以及「我是否真正了解對方的想法？」

這就是「傾聽」的力量。

聲音的魅力

　　不知道大家有沒有發現？有些面貌姣好、衣著時髦的女孩，一開口說話就教人直搖頭；反而是有些面貌及衣著普通的女孩，說起話來不快不慢，給別人「舒服自在、沒有壓力」的印象。

　　再請你想想看，在我們的身邊，誰的聲音讓你感覺到「專業、熱情、開朗」呢？誰的聲音一聽就令人煩躁？

　　聲音是情感表達的出口，情感是聲音表達的核心。大家可以在電視上看到，有些領導者的口頭語言具有很強的感染力和煽動性，能夠深深打動公眾的內心，讓人完全投入他所營造出來的氛圍中。

　　那麼什麼樣的聲音，才具有獨特的魅力？

　　1. 發音正確、簡單易懂。

2. 音質不要過於低沉或過於尖銳。

3. 咬字清晰，讓別人可以聽懂你說出來的話。

4. 音量大小適中，依據所在的場合、時間、內容來決定說話的音量，避免令人感到不舒服及壓力。

5. 說話音調平平，會讓人產生距離感；相反地，若是音調過於亢奮，會讓人覺得無福消受。最好是能令人感覺到熱情活力、不呆板的音調，較容易引起共鳴。

6. 說話速度會因表達內容而有變化，不會一成不變，否則會使人感到枯躁無趣。

7. 懂得引起注意力，並且要適當停頓，觀察聽眾的反應，再決定速度的快慢。

8. 語彙的運用應視場合而定，若是在較公開正式的場合，以完整且優美的詞句來表達意見較佳。

9. 口語的禮節應自然顯現，使人備感尊重。例如台下聽眾若是同儕團體，可以用「伙伴」來稱呼台下的聽

眾；若聽眾是學生，可以用「同學們或是可愛的小朋友」等；遇到長輩則建議以「您」來敬稱。

10. 說話的內容豐富幽默，且時間掌控得宜，不要因自己的長篇大論而破壞全場氣氛。

知道聲音的獨特魅力後，有什麼方式讓自己說話的聲音更悅耳呢？請大家試著用手摀住一隻耳朵，開口說話，此時你所聽到的自己的聲音和別人聽到的一樣，你聽到的感覺是什麼？

在這裡提供幾個方式，大家可以自行練習，幫助自己把聲音訓練成你自己希望的樣子。

1. 可以參加劇團、戲劇課程或訓練語言表達的機構，接受「聲音的訓練」，學習以橫膈膜正確地呼吸來強化聲音，運用丹田的力量，讓身體往上伸展，並改善音調、音質、速度、換氣的技巧等。

2. 準備錄影或是錄音的器材，重複聽自己說話的表情與

聲音，不論是音量、速度、清晰度、音調和使用的
詞彙，從中找出自己的缺點加以改善，並強化自己
的優點。

3. 每個人都有恐懼感，在面試或是上台演說前，找一位
「好聽眾」幫你分析與建議，並且不吝惜給你良好
的建議。

4. 時常閱讀書報雜誌並大聲念出聲音。口語表達可以透
過不斷練習及刻意練習而有長足的進步。

5. 練習須持之以恆。以學習理論而言，重複的事情只
要做超過21天就會變成習慣，不要只有「三分鐘熱
度」，應該規範自己的練習時間，才可以看得到學
習成效。

6. 養成閱讀習慣並寫下自己的看法，在腦海中不斷重組
成自己的語言，不要用死背的方式，這樣才能內化
成為自己的看法。

7. 強化自己的內心，告訴自己：「我一定可以的！」不

要因為害羞與挫敗就半途而廢。

8. 可以學習電視主播或是名嘴來練習發音，並注意聲音
的抑揚頓挫、用字遣詞等。

眼神展現氣韻

在人類歷史上來看，人與人之間，眼睛最能清楚傳遞正確的訊號，因為它們是人身上的焦點，正說明眼睛是「靈魂之窗」，可以傳達內心世界的本質。一個和善的人，眼神中流露著鼓勵與肯定；而一個充滿愛心的人，即使嚴肅，也會散發出慈祥。因此，眼神最能展現一個人的氣韻。

一個人的眼神隨著年齡和心境的變化，自然會變得有所不同。透過彼此眼神的交會，代替語言讓彼此互相了解，感受對方是否有足夠的自信或者成熟度。眼神的接觸，更是具有打開溝通、延續溝通或終止溝通的效果。所以，藉由眼神的接觸拉近彼此的距離，是特別重要的非語言溝通技巧。

有研究顯示，與對方交談時，眼睛最佳的注視點，是在對方的鼻子與眼睛中間的高度，這是讓對方最不會有壓迫

感，並且能表現專注聆聽的眼神。但若是盯著對方觀看，眼神過於犀利，無形中會有一股壓迫感存在，所以用篤定溫和的眼神看著對方，才不會過唐突失禮。

那麼，什麼是專注的眼神？有時候，我們與人接觸時，馬上可以感受到對方的眼神是否飄忽不定？是否搞不清楚狀況？或者是否無辜可憐？由於我的工作屬性一向要接觸形形色色的人，因此會特別從別人的眼神中觀察出當下的心情與大致的想法；在教學時或演講過程中，我也會不斷用眼神來掃射台下的觀眾，以判斷當下我應該如何轉換內容的節奏。而判斷的重點就是觀眾的眼神，若是觀眾專注聆聽，便更加賣力補充資料，有深度地展演；若是觀眾的眼神疲累無神，就會換上輕鬆的方式帶動現場的氣氛，以達成最大的成效。而這些都是從生活閱歷中體悟而來。

新進職場的社會新鮮人，或許平日不易察覺眼神是否會讓對方不舒服，建議攬鏡自照，練習調整自己的眼神，相信就比較容易在職場中受人賞識與青睞了。在職場中需要流露

什麼樣的眼神呢？

1. 對自我有所期許的眼神。

2. 堅定與肯定鼓舞他人的眼神。

3. 虛心求教的眼神。

4. 道歉時誠懇的眼神。

5. 發揮所長時自信的眼神。

6. 開會時不宜有飄忽的眼神。

7. 在主講會議時，應該要關注並環視在場每位參與者，
   而不是只與部分人士眼神交流而已。

消費者應有的風度
——花錢的不要當大爺

　　消費者意識抬頭之後，有些消費者對店家服務人員的服務視為理所當然，強悍的態度有時候讓店家無法招架，而大部分的店家都以客為尊，以息事寧人的心態面對顧客，更加強消費者「花錢就是大爺」的心態。

　　如果發現自己有這樣的傾向，建議購物時，請稍微調整自己的心態，對服務人員「以禮相待」，不要認為自己花錢就是大爺，而以冷淡的口吻或是「頤指氣使」的命令語氣和服務人員說話，也許我們是出於無心或習慣，但都會讓服務人員不舒服。當服務人員協助你的時候，請以親切有禮的態度給予適度的回應，即使服務過程有所疏失，也請耐心等候服務人員的回應，不需要大聲叱責或謾罵，否則兩敗俱傷，

實在對雙方沒有好處；服務完畢後，可以給予適度讚美與回饋，並給服務人員良心的建議。如此一來，相信大多數服務人員也願意提供更高品質的服務。每位受到鼓舞的服務人員，相信再忙也會感覺心情愉快，更加強自己的服務熱忱。如果每個人願意多花心思體貼他人，對別人隨時能用心，相信我們的社會會愈來愈溫暖有禮。

反過來說，當我們在擔任服務人員時，建議抱持專業溫暖的服務態度，觀察對方的需要，甚至可以大方地對客人表達謝意：「謝謝你讓我有服務您的機會，若有需要我服務的地方，請盡量告訴我！」只要一點點貼心，通常能得到很善意的回應。

❀ 幸福小語

尊貴與卑賤，不是命定的；能發自內心關懷他人，就是尊重的顯現。

❀ 每天改變一點點

PART D
塑造優雅的儀態

相信大家都有這樣的經驗，我們在逛書店時，很容易被一本封面裝幀漂亮的書吸引而拿起來翻閱；如果遇到漂亮或帥氣的銷售人員衣著整潔，神采奕奕，就願意和他多聊幾句……。

美國總統林肯決定閣員的任用時，曾經因為對方相貌醜陋而不予錄用，林肯對此解釋：「一個人過了四十歲，就應該為自己的臉孔負責。」

這就是第一印象的效應。

有人說，我們給別人的第一印象，就決定我們的成敗。研究指出，現代人生活步調緊湊，與人第一次見面，只需7秒鐘就決定了自己在對方心目中的形象；相處15分鐘內，就能判讀對對方的感覺，而且會決定往後互動的模式與態度。優雅的儀態、合宜的舉止已成為任何公開場的必備條件之一，因為美好的第一印象，是邁向成功的第一筆籌碼。

那麼我們如何讓自己展現優雅，吸引他人的目光呢？其實藉由訓練，我們也可以成為擁有優雅風度、舉止合宜的淑女和紳士。

以下我們分別來介紹。

坐姿

坐姿可以展現儀態的優美，並可以看出一個人的精神狀態。古人說「坐如鐘」，指的是坐著要如鐘一樣地挺直堅定。我在課堂中常看到學生的姿勢彎腰駝背，總是讓人有種沒有精神的錯覺，若是男生翹著二郎腿，女生穿著裙子不小心張開腿，還露出裙底風光，就會令人感到錯愕。

怎麼坐，才能顯得優雅有自信

什麼是優雅的坐姿呢？以下讓我們來看看。

1. 腰背挺直，肩膀放鬆，不宜彎腰駝背，目光平視前方或注視交談對象。

2. 坐在一般椅子，臀部占坐椅面的三分之二，若是寬沙發則坐在二分之一處。

3. 兩手自然垂放於腿上或椅子的扶手上。

4. 不宜用手托腮或把雙臂及手肘放在桌上。

5. 女士穿著窄裙，入座時應將裙子稍微攏一下，坐下之後雙膝併攏，並將雙腿平行或斜放，兩手疊放於雙膝上，即可展現優雅姿態。

女士正位坐姿　　　　女士側位坐姿　　　　女士重疊坐姿

6. 男士兩膝可與肩膀齊寬，切忌抖腳及翹腳。

7. 正式晤談或面試時，不宜靠椅背，以免顯得懶散漫不
　　經心。

8. 正式場合一般從椅子的左側入座，離座時也要從椅子
　　左邊離開。

9. 談話時，臉要轉向交談者位子的方向，上半身仍需挺
　　直。

男士正位坐姿

正確的坐姿

除了坐姿優雅之外，坐姿也要正確，才能維護脊椎的正常狀態。上班族或者學生大部分都需要長時間坐在辦公桌前或書桌前，因此坐姿的正確與否就顯得相當重要了。到底怎麼「坐」才是最正確的？

1. 頭部、頸部不要往前傾。

2. 椅子的高度最好讓膝蓋呈90度彎曲。

3. 鍵盤的位置也要讓手肘呈90度彎曲才能輕鬆打字，如此一來便可保持頸椎、胸椎及腰椎正常的曲線，以免身體過度伸展成不當的姿勢。

4. 看電腦螢幕時，讓眼睛的視線往下，頭最好不要往前傾，避免頸椎不當彎曲，否則長久下來，頸椎來會產生骨刺。

5. 臀部與背部大約呈90度彎曲，椅子的靠背底部最好稍微前凸，用以支撐腰椎。

6. 研究指出，身體軀幹和大腿保持135度，是最健康的
　　坐姿。

視線對齊
電腦螢幕上緣。

放鬆肩膀，
下巴靠近身體。

手肘呈
90度彎曲。

下背部須有得靠，背部與
臀部大約呈90度彎曲。

臀部坐到最裡面，
大腿完全貼在椅面上。

膝蓋角度稍微大於90度，
讓腳底平放地面。

錯誤坐姿傷很大

　　為什麼正確的坐姿會這麼重要呢？主要是因為長期姿勢錯誤，會影響骨骼的發展，輕則外表不夠挺拔好看，容易造成疲倦或肩膀痠痛，重則脊椎受傷，或擠壓內臟位置，直接影響健康。

　　一般最常見的翹腳姿勢，會讓椎間盤所受的壓力不均，臀部將承受極大的壓力，上半身的重量全部集中於第4、5節的腰椎上，壓迫久了將會形成脊椎側彎。我們一般人以為坐著對脊椎的壓力較小，但如果是錯誤的坐姿，其所造成的傷害更大。

　　以體重70公斤的成人來說，若是正確的坐姿，脊椎的壓力大約25公斤，正確的站姿，脊椎壓力增為70公斤，如果坐姿錯誤，脊椎的壓力就會高達145公斤，是站姿的2倍。

若坐著前傾20度拿東西，脊椎壓力更高達200公斤。由此可知，姿勢的正確與否，對脊椎的影響甚大。

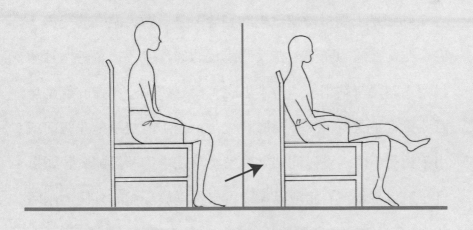

○正確坐姿

X 錯誤坐姿——第4、5節腰椎遭受極大壓力，易形成脊椎側彎。

站姿

　　站姿是人類慢慢進化後的姿態，是一個人站立的姿勢，也是非常普通的姿勢。在我們成長的過程中，長輩總是叮嚀我們「站要有站相」；古人也說：「立如松」，指的就是身體要挺直不歪斜，更不能彎腰駝背，也不能雙手抱在胸前或用手托著下巴。正確的站立姿勢應該是：抬頭挺胸，脖頸挺直，雙目平視，肩膀放鬆，雙臂自然垂於身體的外側，兩腿並攏，膝蓋和腳跟靠緊。

　　在社交的場合中，一眼就吸引眾人焦點的人，不論是風度翩翩的男人或是風姿綽約的女人，其站立的姿勢更是眾人直接注視的焦點。人與人之間交談時，要面向對方站立，保持適度的距離，太遠或太近都不宜。面對面交談時，站姿得宜，可呈現優雅姿態，並且能展現風度與精神。

怎麼站，才會亭亭玉立或風度翩翩

我們總是在某些場合可以觀察到，亭亭玉立的女人和風度翩翩的男人，即使不開口說話，仍然非常吸引眾人的目光，除了他們本身的自信神采外，其實「站姿」已為他們內在的精神作無聲的表達了。

在這裡，我們來看一下，怎麼站才能像他們一樣。

1. 兩腳微微分開，與肩膀同寬，上半身抬頭挺胸縮小腹。要保持脊椎的穩定性，以吸氣來張開胸腔，吐氣要腹部用力，重心要放在兩腳之間。

2. 以一隻腳為重心支撐，縮小腹，夾緊臀部，另一隻腳可稍微放鬆，累的時候可將重心挪到另一隻腳。

3. 男生站立時，兩腳應稍分開，與肩同寬，重心放在兩腳，不要雙腳併攏，可以一腳在前、一腳在後，這樣更能保持平衡，看上去也更加自信。雙手置於身體兩側自然下垂；或者兩腳分開平行，距離不要超

過肩寬，雙手可在身前或身後交握。

4. 女生站立時，雙腳可呈V形，膝蓋與後腳跟靠攏；或是單腳往後退半步站立，後腳以45度斜放貼緊前腳的二分之一處。手放置的位置不只一種，可以將右手放在左手上面。不過，不要雙臂交叉，也不要兩手叉腰、將手插在褲袋裡或做不雅的動作。

常見的錯誤站姿

（一）駝背

現代人不論是大人或小孩，生活壓力愈來愈大，不少人會不自覺地習慣性駝背。駝背給人的感覺較沒精神，甚至會間接影響人際關係。若是習慣駝背，影響的就不只是外觀了，不僅破壞脊椎與前後肌肉的平衡狀態，造成骨骼變形、壓迫神經、軟骨磨損、長骨刺，也會導致血液循環變差，引起身體水腫等各種問題。

那麼，怎麼樣才不會駝背呢？

1. 頸椎放鬆，上半身隨時保持挺直，肩膀稍微往後挺。

2. 不過度要求姿勢，身體放柔軟，太過挺直反而顯得僵硬。

3. 可運用墊子或是枕頭，讓背脊躺在上面，墊

子不宜太軟，大約為15～30公分高度，可讓身體完整鬆弛並舒展開來。

4. 長時間看電視、上網、看書，若姿勢不良，甚至缺乏運動，背部肌肉容易使力不當或因肌力不足而導致駝背。最好的方式是養成運動的習慣，並做胸腹背肌訓練，讓關節與肌肉呈現自然平衡的狀態，即可預防駝背。

Ｘ錯誤姿勢　○正確姿勢

（二）三七步

　　報章雜誌上的模特兒喜歡站三七步，以擺出帥氣或美美的姿勢，不過如果時常站成三七步，久而久之極易產生長短腳。國外研究發現如果兩腳的差距在0.3公分以上，就會造成身體姿勢的異常；如果差距達0.6公分以上，就可能會導致骨盆傾斜，造成脊椎側彎，身體健康慢慢就出現紅燈了。

Ｘ錯誤的站姿——三七步

〇正確的站姿

「麻雀變鳳凰」特訓班

　　想從麻雀升級為鳳凰，可不是平白無故就能變出來的哦！平常可要多下功夫哦！最簡單的方式有二種：

1. 找一面平坦的牆，身體背著牆站好，使你的後腦、肩、腰、臀部接觸到牆面。

2. 頭頂上頂著書本，人的本能為了使書本不會掉下來，會自然地把上半身挺直，頸部挺直，下巴向內收，這樣就可以維持良好的儀態。

3. 找地上的一直線，習慣在走路時，看著腳跟的距離，在直線的兩側不超過2～4公分之處為原則走動。

不過還有另一種方式，我們可以從「挺骨盆」著手。

「骨盆」是人類身體的重心，不論什麼姿勢，很容易感受到骨盆的受力。所以站立時，如果刻意將骨盆調正，骨盆以上的腰椎、胸椎和頸椎就會自動找到平衡，肚子稍微內縮，收下巴，肩膀稍微往後張開，自然看起來就顯得挺拔。

正確的站姿，可以讓身體各關節受力平均，較不容易在無形中受到傷害，而且呼吸較為順暢，精神較好，注意力較易集中，不只美觀，對健康也非常重要。

走姿

　　我常常會提醒學生，走路姿勢切忌腳不要拖地，也不要彎腰駝背，膝蓋和腳腕都要富於彈性，行走邁步時，腳尖應向著正前方，腳跟先落地，腳掌緊跟著落地。一個人走姿好看與否，可從「步度」與「步韻」看出，且應自然地擺動手臂，前後擺動的幅度不要超過45度，也不要晃動肩膀，會顯得不夠莊重。在行進中，眼光要平視前方，不要低頭看地面，更不要扭動臀部，以免看起來不雅觀。正確的走路姿勢能讓大腿變細，小腿不會變健壯，腰部也能維持苗條，所以訓練正確的走路姿勢是非常重要的。

如何讓自己走得正確又優雅

　　1. 步度不宜過大：是指行走時兩腳之間的距離。走路

時，步伐不宜過大，以免顯得粗魯無理。

2. 步韻順暢：走路時不宜僵硬拘謹，膝蓋要富有彈性，

讓自己有一定的律動感，才會顯得有精神且自信。

3. 練習「推牆」：可強化小腿的肌力，小腿的肌力增強

之後，走路會較為輕鬆有活力。

4. 切忌內八或外八：走路外八會顯得過度狂妄自大，走路內八則會顯得很沒自信。

5. 走直線最省力：走路內八或是外八，很容易造成足部各個壓力點的磨損，也會傷害膝蓋與關節。建議找地上的一直線，習慣在走路時，看著腳跟的距離，在直線的兩側不超過2～4公分之處為原則走動。

脊椎保健室

（一）自我檢測的小訣竅

　　日常生活中，有很多方式幫助自己避免彎腰駝背或者腰痠背痛，這裡介紹幾種方式，供大家參考。

1. 坐的時候，兩腿內側放一個折疊好的毛巾，厚度約2~4公分，就不會彎腰駝背，可改善坐姿。

2. 到專門醫療用品店，購買受傷固定用的護腰，只要長期坐著就戴上，可以讓脊椎有支撐的力量，久坐也較不會痠痛。

3. 「盤腿」是一種調整姿勢的有效方式，此姿勢可讓全身的毛細孔打開，促進新陳代謝，具有疏氣活絡的效果。

4. 練習站姿可以找家中一面牆，讓整個背貼著牆，若很痠痛代表軀幹已經有往前傾了或側

彎的傾向，隨時提醒自己以便改善自己彎腰駝背的習慣。

（二）如何「提重物」不受傷

相信你一定聽過「身體力學」，所謂「身體力學」指的是在工作時有效運用肌肉以節省精力資源，透過身體各部位協調才會省力，養成「四兩撥千金」的習慣動作與姿勢，對我們身體負擔的減輕與體力的節省，都有極大的功效。

例如生活中很常見的「提重物」，很多人會直接彎腰把重物抱起來而閃到腰，就是因為姿勢錯誤的關係。正確的方法如下：

1. 彎腰操持家務時，若從地上提取重物，應該雙腳一前一後屈膝蹲下，可藉由小腿的力氣幫助自己將物品順利拿起來，這種方式既省力又較為雅觀，千萬不要貪圖方便直接彎身取物，以免傷及腰部及背部。

2.提取重物時，應保持身體平衡，不要讓身體
 傾斜一邊，可以雙手同時平均分擔重量。左
 右手可以交叉運用，才不致造成一隻手的過
 度負擔。

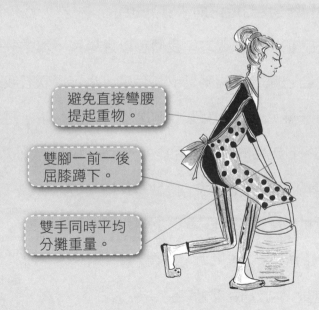

避免直接彎腰
提起重物。

雙腳一前一後
屈膝蹲下。

雙手同時平均
分攤重量。

足弓的保養

足弓就是我們所謂的「腳底板」，一般人都會以為這是天生的，所以無法改善。我們可以透過蹲下與站立的平穩度，觀看自己是否為扁平足或高弓足，也可以看看我們平日所穿的鞋子鞋底，是否有某一側磨損得特別嚴重，這都可以觀察我們平日走路的重心是否平衡、走路為內八或外八。

人類的腳底有外足弓、橫足弓及內足弓，形成一個拱形結構，提供適度的彈性，以緩衝腳部所受的地面反作用力，並將身體的重量平均分散到腳底各點，以便站立時得以保持平衡，還能隨意進行跑跳活動。

外足弓

橫足弓

內足弓

正常足

　　高弓足在站立時，可以感覺到身體的重量大都集中在雙腳的前、後端，而腳背上的韌帶過緊或骨骼變形，導致跟骨與腳趾間的足弓弧度逐漸變高，因腳底內側足弓過高，導致外側的鞋跟磨損嚴重。

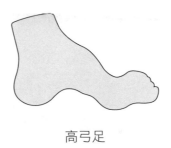

高弓足

　　扁平足俗稱「鴨母蹄」，指足部在站立或踩地時，內側縱弓塌陷或消失，足底因而變得扁平，甚至平貼近於地面，後足部也會呈現「外翻」的現象。

扁平足

要避免足部變形，日常生活可以訓練自己的足底肌群，可訓練足底的四點：小腳趾球、大腳趾球、內側跟骨、外側跟骨，可以透過類似像腳踏車剎車器的動作，讓自己強化足弓的彈性。若足底這四個點沒有一起出力，身體就會傾斜，但肌肉為了保持全身的平衡，全身就會一起出力，所以導致全身痠痛。

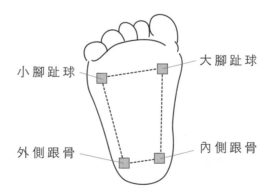

小腳趾球　大腳趾球

外側跟骨　內側跟骨

另外，若需要長時間走路時，可以購買專業的足弓鞋墊，以作適度的調整及保養。若是學會正確的走路姿勢，不僅可以擁有優雅的走姿，還可以消除下半身的贅肉，讓臀型向上提升，有助於維持良好的身材。

足部保養小技巧大公開

　　除了前面提到了足底平衡和足弓鞋墊之外，在這裡提供一些保養小技巧，供大家參考。

1. 定期使用「足膜」，讓腳底板的厚皮組織能脫落，維持漂亮的足部。

2. 時常單腳站立，觀看足部是否有平衡感，並可訓練足部肌力。

3. 每天按摩小腿肚。

4. 有靜脈屈張者，盡量穿著彈力襪，睡前抬腳至少10分鐘。

5. 常常放鬆肌肉，利用泡腳來促進血液循環。

✿ 幸福小語

提升自己的「好感度」，先從優雅的儀態開始，並且好好打理自己的「身、心、靈」。

✿ 每天改變一點點

PART E
時尚保養祕笈

　　服裝原是為了基本生活需求而生，受到自然環境及社會文化的影響而有所不同。服裝應考慮穿著時所顯現的儀態和外觀效果，所以應配合自己的年齡、膚色、性格及職業等等的需求，掌握時代流行趨勢，從中找出適合自己的風格與形象。

服飾巧妙搭配趣

　　服飾包括了「服裝」與「飾品」兩層面，我們常說：「佛要金裝，人要衣裝。」所以藉著裝扮的過程，可以提升自己的美感。我們常在媒體上看到追求「瘦即是美」的觀念，近幾年更是微整形風氣盛行，可見得外貌的重要性。近幾年國內外研究「身體意象」的論述，其中包含了外表的吸引力，這是對自己的尊重及對他人的禮儀展現。我們若能理解服裝的搭配原理，這樣在選購時即有依據的基礎。

服裝流行四要素

以下我們以服裝流行的四個要素：色彩、圖案、輪廓及布料，簡單介紹搭配技巧。

要素一：色彩（color）

「色彩」是我們看到一個人的服裝時，映入眼簾的第一印象，色彩占了服飾極大的面積，所以對於色彩原理的認知，是學習服裝搭配的首要觀念。在色彩學中，最基礎的是理解色彩的三要素：

・色相（hue）──是指區別各種不同色彩的名稱，光譜上面的紅、橙、黃、綠、藍、紫等六色，最常見的是採用伊登十二色相環來辨識。

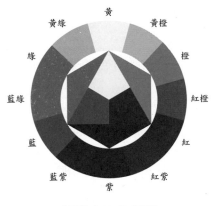

伊登十二色相環

・明度（value）——是指色彩的明亮程度，最明亮的顏色是白色，最暗的顏色為黑色。

・彩度（chroma）——是指色彩的飽和程度，也就是色彩的鮮亮與混濁程度。

了解基本的色彩三要素後，在服裝上面反射心理的狀態又分為底下幾種：

色彩的溫度感──暖色與寒色

在伊登的十二色相環中,若以溫度感受來分類,分為暖色系與寒色系,如紅、橙、黃等顏色,是屬於暖色系;而藍、藍紫是屬於寒色系的色彩。

在服飾的搭配中,通常在夏天時為了避免炎熱,所以選擇寒色系的服裝感覺較為清涼;若是冬季天候較為寒冷時,在服飾的選購上以暖色系為主要選購色調,穿著時感覺較為溫暖,可以降低寒冷的感受。

色彩的距離感──前進色與後退色

若並排兩種顏色互相比較,有些色彩感覺有向外膨脹的現象,看起來較為突出,這種色彩稱為前進色或是膨脹色;反之,有些色彩具有向內或收縮的現象,而產生後退感及收縮的感覺,這種色彩稱為後退色或是收縮色。

一般而言，暖色具有膨脹的效果，寒色具有收縮性。例如將紅色與藍色並排，會感覺紅色跟自己的距離較近，有種前進的感受。

色彩的心理感──強烈色與沉靜色

服裝最引人注目的地方首重色彩，因為色彩在服飾中通常是大面積的視覺效果，一般人看到紅色、橙、黃色等會感覺較為興奮、刺激，心中的感受比較強烈，稱之為強烈色或興奮色；看到藍色、青紫等色，心理上反而有一種沉靜、消極的感覺、所以稱之為沉靜色及消極的色彩。

色彩的重量感──輕色與重色

明度高的色彩，讓人有種輕盈的感覺；明度低的色彩，

給人的感覺較為厚重。

色彩的面積感──膨脹色與收縮色

色彩也可以改變視覺體積效果，例如同樣大小的正方形以黑色及白色來比較，可以明顯看出，黑色較白色看起來小一些。因此嬌小瘦弱的人可多選擇膨脹色，而身材較胖的人可藉由收縮色使身形看起來較為勻稱。

而在色彩的組合中，又有許多的搭配方式，最常見者有以下幾種：

對比色

在色相環位於相對位置的色彩組合，其中最強烈的對比

色為紫色與黃色的組合。在衣著的搭配中，對比色的運用需要有足夠的美感判斷能力，且要著重顏色的面積比例，其搭配技巧通常以一個主要色調為強調重點，另一個顏色輔助為原則。若是搭配不適當會流於怪異突兀，因此需要學習更多服裝搭配技巧，才能穿搭出適合自己的流行風格。

類似色

服裝的配色若以類似色來搭配，是最安全簡單的方法。選擇相同的色系來營造深淺變化，以色彩當作表現重點，雖然可能流於呆板沒變化，卻也不失為優雅的配色原則。

要素二：圖案（pattern）

　　服飾的圖案日趨多元化，除了彰顯個人的品味外，同樣對修飾身材也有放大及縮小的效果。所以在選擇服裝的圖案時，更應該考量自己的身形，以便作最適當的選擇。

格紋圖案

　　我們常聽到「學院風」這個名詞，指的就是蘇格蘭式的格紋，其色彩的變化有種穩定感及書卷氣。如果希望達到修飾身材的效果，建議穿著格子大小在一公分以下的服裝，格子與底色的色差不要太大。

　　搭配技巧為上半身與下半身只能有其中一部分為格紋，才能顯現優雅與自信的風格，否則會顯得過於繁複、沒有重點。建議上班族可以用格紋搭配既專業又活潑的形象。

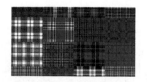

線條的視覺魔術

　　線條會有視覺上的錯覺，二條同樣等長的直線，利用線條末端的分叉線，造成線條拉長或縮短的視覺效果，這就是「米式錯覺」。

米式錯覺

　　線條在「規律與等寬的重複原理 下，會產生視覺的錯覺，因為重複的直線條會有左右移動的效果，變成會顯得較胖的錯覺；而橫線若是上下移動的錯覺，會產生「縱向拉高」的感覺。

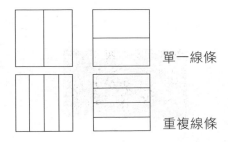

單一線條

重複線條

條紋圖案

　　條紋圖案是不退流行的款式，具有優雅休閒的風格，在條紋的選擇上以橫條紋和直條紋居多，部分特殊的服裝也有斜紋的設計。條紋的粗細與間距會產生有膨脹或顯瘦的效果。即使是直條紋，但是若間距或寬度過大，也容易產生放大效果；相反地，橫條紋若是細條紋，間距較小，就會有顯瘦的效果。

不規則圖案

　　最常見的是花卉圖案或抽象圖案印花，年輕人對於迷彩圖案也相當喜愛，可以強調出個人的性格。迷彩裝最早由英軍開始以這類有偽裝性顏色的軍服作戰，並且以土黃色或是綠色為主。1929年，義大利人研發了最早的迷彩裝，流傳至

今仍是非常時尚的元素之一。

點點（波爾卡圓點）圖案

　　波爾卡圓點對於時尚的影響出現在1950年代，最流行的就是以白底黑點的圖案出現在當時設計的大蓬圓裙中，可以感受到輕快跳躍的感覺。點點的大小與格子印花相似，點點愈大，膨脹效果愈明顯。這幾年普普風深受大家的喜愛，可以運用在任何的服裝款式中，而且能達到良好的視覺效果。

卡通、手繪塗鴉、LOGO圖案

　　卡通、手繪塗鴉、LOGO圖案運用在各種印花設計上，

例如：迪士尼卡通系列之米老鼠、小熊維尼及史努比、猴子造型等卡通圖案，都非常受到青少年的歡迎。由於搭配性高，而且能展現青春活力氣息，歷經多年變化，在時尚界仍歷久不衰。此外，手繪圖案通常風格強烈可以展現獨特魅力風格，LOGO圖案除了展現品牌精神之外，也可以穿搭為帥氣及英式龐克風格。

要素三：輪廓（silhouette、outline）

　　輪廓就是概略形容服裝的外型，最基本的有圓形、三角型、方形、葫蘆型、梯形、長方形等。服裝的輪廓是最能顯現身材的直接焦點，可以單獨存在或是多重組合搭配。通常圓弧的設計呈現較可愛的輪廓，而上窄下寬的梯形會感到較為優雅且女性化，所以輪廓的選擇要視個人身形而定，進而判斷如何隱藏或凸顯自己的身材。

　　例如，混合型服裝的基本輪廓是由三角形、方形等形式而構成（下頁左圖），而製作的服裝成品大致為下頁右圖所示，可以表現輪廓線的技術有剪接線、細褶等。若在選購服裝時，能注意到輪廓線條的設計，將有助於展現或隱藏自己身材的優缺點，達到更佳的修飾效果。

混合型輪廓原型——大約由三角形、方形等形式而構成。

混合型輪廓服裝——表現輪廓線條的有剪接線或細褶等。

要素四：布料（fabrication）

　　布料就是製作服裝的物質，如皮革、毛皮、棉或絲織品等。織法與質地也是非常重要的。

棉織品及吸溼排汗布料

　　近幾年由於提倡健康主張的生活，全球掀起了運動風潮，因此，運動休閒服飾的設計更為多樣化，棉織品和排汗布料，除了具有輕鬆、舒適及排汗的效果之外，在外觀的設計也加進了流行的元素，成為近幾年的流行象徵。

聚酯纖維（polyester）

　　目前織品的種類眾多，混紡布同時擁有特多龍和棉的優點，通常以T/C（特多龍和棉混紡）和CVC（chief value of cotton，棉含量超過50％）表示。一般而言，特多龍的優點為型態具安定性，不易起皺及變形，洗過之後幾乎不必整燙。與棉混紡時，具有易洗快乾、易整理，不起皺紋等優點。

服裝達人第一課

服裝代表個人的形象與身分地位，在服飾的選購上也有一定的順序與目的，如何找出最適合自己風格的服裝，必須了解以下的服裝搭配原則。

了解自己的身材特色

每個人面對身材總有自豪與自信不足的地方，選購服裝時，若能正視自己身材的優缺點，隱惡揚善，避免自曝其短，那麼便能為自己的外表大大加分。例如：臀部較大的人，選購裙子的款式盡量以A字裙或四片裙穿搭，避免穿著太窄的窄裙或蓬鬆寬大的蛋糕裙；男生或女生選擇褲子以直筒褲為優先，不僅可拉長腿部線條，整體身材比例會還可以顯得為高䠷勻稱。

適度運用配件

　　配件具有化腐朽為神奇的點綴效果，若選擇適合自己的配件，不但可以讓自己的服裝品味提升，還可以創造服飾無法表現的視覺效果。例如：項鍊可使一件單純的上衣展現其豐富性；流行鏡架可以讓原本不出色的五官顯得更有型。但切記一點，不要搭配過多的飾品配件，否則會顯得過於累贅，反而無法達到畫龍點睛的效果。正所謂「太多重點，反而沒有重點。」試著想想看，若全身的行頭有耳環、項鍊、手鍊、華麗的服裝等同時搭配在一起，就會失去注目的焦點，雖然華麗，卻也會顯得庸俗，無法襯托出本身原來的高雅。

有「捨」才有「得」

　　美感的養成可以經由「圖形、比例、形狀」這三項最基本的辨識開始。平日可以檢視自己的衣櫃，若穿搭不佳或太寬

鬆、太緊身或是設計款式不合於自身風格的服裝，建議可以送給適合的人或修改過再穿，避免破壞自身的美感及特色。

創造屬於自己獨特的服裝風格

服裝搭配除了要留意款式、布料、色彩及細節（details）或剪裁（trim）之外，可以參酌時尚雜誌以豐富自己的服裝視野。例如：近幾年來流行的波西米亞風格、藍與白或紅與白相間條紋的海洋水手風格、自然不造作且隨性的嬉皮風（hippie）、帥氣的軍裝、英倫的學院風、英式龐克風，以及近幾年最受青少年歡迎的美式嘻哈風、長版T-shirt及短裙（褲），或窄管彩色長褲的多層次風格等，都是可以學習的服裝搭配原則。社會新鮮人如何在有限的資源中，穿出屬於自己風格的服飾，讓自己在整體形象中加分，並增強自己的自信心，對於人格的正向發展有極大的助益。

聰明女孩的穿衣訣竅

腰部較粗的女孩

適合穿：開襟外衣、直筒或高腰
洋裝、A-line襯衫或洋裝……。

不適合穿：打褶裙、腰帶、貼身
上衣或洋裝。

臀部較大的女孩

適合穿：一件式長洋裝、長背
心、直筒裙、A字裙、膝上小
洋裝+直統造型棉褲。

不適合穿：太緊的褲子或裙
子、腰上短外套、短上衣。

臀部較小的女孩

適合穿：可穿蓬裙及有皺褶的裙子或褲子，下半身可穿著淺色的服裝。

不適合穿：過於貼身的衣服。

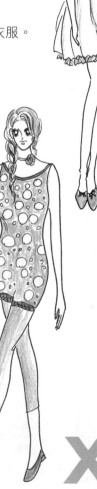

上半身厚實的女孩

適合穿：V字領、polo領或開襟上衣、上衣顏色較深，下半身較淡的衣著。

不適合穿：太貼身的衣服、無袖上衣、高腰洋裝。

上半身窄小的女孩

適合穿：寬鬆套頭、顏色較淺的上衣、設計較為複雜的上衣。

不適合穿：緊身襯衫、V領上衣、貼身毛衣。

聰明男孩的穿衣訣竅

腰部較粗的男孩

適合穿：不要太緊身、修飾效果較佳的上衣及長褲。

不適合穿：打褶或是鬆緊帶的長褲。

臀部較大的男孩

適合穿：臀部位置沒有大的方形口袋的褲子。

不適合穿：緊身且狹窄的長褲。

個子較小的男孩

適合穿：條紋或是明度較低的上衣，版型較為單純的褲子，有拉長身材效果。

不適合穿：顏色太鮮亮及褲管寬大的長褲。

聰明服飾選購法

服飾的選購需要具備完整的採購計畫，首先我們要觀察自己的衣櫥，看看目前衣櫥原有的服飾，才能訂定服飾選購的策略。

重建衣櫃四步驟

步驟一：找出自己對各類服飾的需求

服裝分類可大略分為：襯衫類、外套類、裙裝類、T-shirt、褲裝或襪子等等，選擇分類放置的空間。

步驟二：定期清理品質不佳或不適合的服飾

服飾需要有系統地分類摺疊或吊掛。通常可以用衣服的款式區分，也可以用顏色或材質區分。再細一點，還可以依不同季節詳加分類。

品質不佳或不適合的服飾，應適時清理淘汰或放置在衣物回收箱，不要占據衣櫥的空間。

步驟三：發揮創意為現有服飾搭配

利用閒暇時間為現有服飾作適度的搭配，以發揮創意，讓自己的服裝富有變化性。若發現缺乏某些種類的服飾單品，可列出採購清單，作為未來選購服飾的參考。

步驟四：列出服裝採購清單，為選購服飾嚴格把關

重建衣櫃必須下定決心，除了須滿足購買欲和跟隨流行的欲望之外，期許自己所購買的服飾皆是必要且缺一不可的單品。我們可以試圖想想自己的獨特魅力是什麼？哪些是自己能力可以負擔且必要的單品？何時購買為最佳時機？可以在採購之前以5W1H為思考原則。

服裝採購的5W1H原則

Who （誰要穿）	適合自己的風格、體型、年紀、職業等
When （何時）	時間、日期、四季變化等
Where （場合）	・休閒的場合：海邊、公園等 ・正式的場合：婚宴等
Why （目的）	期望達到何種穿著效果，如面試或約會等
What （買什麼）	購買適合自己的服飾，如上衣、裙子、褲子、鞋子等
How （如何取得）	購買或商借

服飾的選購重點

了解身材及服裝的搭配原理及技巧

「模仿」與「嘗試」是訓練自己美感最快速的方法，也是找出自己風格的最佳捷徑。年輕人的流行敏銳度相當高，

但是因為經濟能力普遍不佳，所以建議可以多參考相關的流行時尚雜誌，拓展自己的眼光，多運用搭配的原理與技巧，避免購買不合宜的服裝，期待穿出自己的風格。

選對購買時機

通常來說，一般家庭基於經濟考量，大多利用打折時期才有能力購買品質較佳的服飾，因此，要留意相關服飾商店的折扣時機，才能買到同等價值的服飾。此外，選擇非假日逛街也是最好的購買時機，因為逛街人潮較少，可以慢慢挑選適合的服飾，做出最精準的判斷。

購買易於保養、品質佳的服飾

通常質感好的衣服有幾個特點，提供給各位參考：

1. 針目整齊不凌亂。

2. 布邊要有足夠的縫分。

3. 衣服下襬不宜有皺褶。新衣服有皺折表示製作過程出現問題，穿起來會變形，反而不會顯得好看。

4. 拉鍊要直，並與衣服的顏色相同。

5. 布料質感佳，釦子、釦眼要適合服飾的整體風格。

6. 任何有花紋及格子的布料都需要對格。

7. 衣服的內襯是保持衣服不變形的重要關鍵，所以內襯的版型也不能馬虎。

8. 衣服版型要合於身形，才會有修飾身材的效果。

購買實用性高的服飾及配件

參考事先訂定的服飾採購清單，想想衣櫃裡是否有現成的衣服可以搭配？如何花最少的錢達到最佳的搭配效果？通常整套式的洋裝或套裝，因為價格較為昂貴，搭配性較低，所以不需要時常購買。

社會新鮮人剛步入職場，更應該依據自己的經濟能力採買服裝，若是期望服裝搭配更多元化，建議可買實用性高的單品，做適度的搭配，即可讓服裝呈現多樣化面貌。

衣服試穿後再決定

有些服裝平放著看或是吊掛起來看，似乎很好看，但身體是立體的，若是採買人經驗不足或眼光不夠細膩，便容易

誤判，導致金錢的浪費。

　　建議養成購衣前試穿衣服的習慣，慢慢訓練自己的審美觀，不要因為折扣多而衝動買下不合宜的衣服。

選購環保材質的服飾

　　選擇環保纖維製造的服飾，可以減低對生態造成的破壞，例如甲殼素纖維製成的紡織品、天然彩色棉、麻料製品等。有些標榜100％防皺的衣褲或是免燙襯衫，大多用乙二醛樹脂定型，含有甲醛成分，可能會造成胸悶、咳嗽、嘔吐，影響肝腎功能、引起氣喘或是肺氣腫。為了健康著想，應該更注意衣料的選購。

當一個美肌達人

細心呵護我的皮膚

對人體而言，皮膚就像一道城牆，保護隔絕外來物質的侵害，可說是人體的捍衛戰士。皮膚除了具備防禦入侵的功能，也具有調節保溼的作用。如果皮膚表層的水分不足，免疫系統將會無法吸收及運送營養，因此皮膚保養的重要性不言而喻。可是皮膚會因為個人生活習慣、環境及體質等因素而改變，若沒有注意，則會造成膚質不佳及老化。影響膚質的因素有下列幾項：

1. 遺傳。

2. 年齡：年輕時油脂分泌旺盛，可能會有青春痘的困擾；年紀愈長，皮膚會愈乾燥，逐漸產生老化及皺紋

的現象。

3. 生活作息：生活作息紊亂，代謝不正常，皮膚容易老化。

4. 飲食習慣：過辣、過鹹的食物都容易造成皮膚老化。

5. 藥物：藥物其實也是另一種毒物，有些藥物會導致皮膚過敏，所以應該盡量少吃藥物。

6. 日晒量：紫外線是對皮膚傷害最大的殺手。

7. 保養品或化妝品：若保養品和化妝品中含有毒物質，例如汞、鉛、鎘等有害重金屬，長期使用，輕者可能引起過敏性皮膚炎，重者因重金屬積聚在體內，不易排出，將對肝、腎、神經系統、血液等構成損害。

8. 精神壓力：長期精神壓力會導致皮膚代謝功能不正常，容易有黯沉現象。

雖然大部分的膚質來自遺傳基因，但後天的努力也能改變肌膚狀況，包括飲食、睡眠及生活習慣，都會深深影響著肌膚的好壞，不能不注意哦。

皮膚健康三部曲

了解了影響皮膚的因素之後，接下來，我們該如何加強皮膚的基礎保養呢？

首先認識正確的保養程序。「清潔」是保養皮膚的首要步驟，皮膚沒有洗乾淨，後面的保養程序就是多餘的了。

徹底清潔 ➡ 適度滋養 ➡ 積極防護

徹底清潔

「清潔」是皮膚的首要步驟。皮膚長時間暴露在空氣中，容易附著汙染物，加上皮膚本身的油脂及汗液等，若皮膚沒有保持乾淨，容易發生皮膚感染。因此，清潔可清除皮膚表層的汙染物，保持毛孔暢通，防止細菌感染，可調節皮膚的酸鹼值，並幫助後續使用的保養品吸收。

適度滋養

　　洗臉後應盡速補充含保溼成分的產品，可以乳液或面霜提供皮膚油脂，能讓皮膚表皮形成保護膜，防止水分及養分的流失，皮膚保持「油水平衡」，才會有健康的光澤。

積極防護

　　皮膚因為紫外線照射而導致黑色素的生成，是加速皮膚老化的關鍵因素之一，若要讓自己的皮膚保持淨白並延緩老化，每日必須加強防晒來保護肌膚。

　　記得在國中時期，我的額頭長了許多青春痘，當時的我對於自己的皮膚非常困擾，常常羨慕有光滑肌膚的同學。後來念書後，理解了食品營養學及肌膚護理的重點後，多年下來，肌膚的問題不再是我的困擾，以下是我的獨家小撇步：

　　1. 徹底卸妝及洗臉：卸妝洗臉一次完成，徹底將肌膚洗
　　　　淨是保養第一步。皮膚有狀況時，可依據當時肌膚來
　　　　調整卸妝及洗臉產品的成分，用細泡沫或是皂類洗
　　　　臉，能使肌膚保持清潔不緊繃。

2. 不使用毛巾擦臉：浴室是細菌滋長的溫床，皮膚有痘痘或是出狀況時，毛巾上的細菌恐會引發更嚴重的皮膚問題。

3. 洗臉後輕輕拍臉：洗臉後的水分可藉由拍打而消失，並且可讓肌膚光滑有彈性。

4. 去角質及敷臉一周一次：選擇適合自己肌膚的面膜或是凝膠敷臉。最好使用溫和的去角質方式。

5. 不吃太辣或太鹹的食物：食用清淡及營養的食物，從內而外調養體質。

6. 喝大量的白開水：多喝水可以讓新陳代謝穩定，並能進行腸道的清潔。

7. 選擇最適合自己的保養品：昂貴不見得是最好的，要了解自己的肌膚狀況，找出自己最適合的保養品。

8. 保持愉悅的心情：凡事樂觀開朗，情緒時常保持安適穩定，就是讓肌膚美麗的最好方法。

一般常見的保養品有哪些？

化妝水	乾燥肌膚應選擇有滋潤成分的化妝水；油性肌膚建議使用有收斂效果的化妝水，但不要選擇有酒精成分的配方。
乳液	乳液的功能在於加強水、油及保溼因子的補充，恢復肌膚的彈性，並調整膚質。
面膜	面膜依功能有不同類型的選擇：有些可以將毛孔中的陳垢或髒汙清除；含有甘油與精油成分的保溼面膜，可以把水分留在肌膚中。通常正常的肌膚，一周只要敷一次即可。
去角質凝膠	我們的皮膚角質層的代謝周期，大約28天就會把老廢角質推擠至最上層。定期去角質，才能幫助保養品的精華吸收到皮膚裡，膚質才會顯得較為細膩光滑。

化妝品的選用

有了良好的膚質，才能化出透亮的彩妝，上妝前可先敷保溼面膜，加強水分吸收，以利於上妝。我們先來認識一般常用的化妝品有哪些。

BB霜 （blemish balm cream）	簡單說就是遮瑕膏，可當作（局部）遮瑕、修飾及潤色使用。
隔離霜	目的是隔離紫外線對肌膚的傷害。紫外線會帶來肌膚老化等問題，所以真正選購時，應該注意是否標示SPF或是UVA或UVB的字樣，才是真正能預防紫外線的隔離霜。
飾底乳	通常是用來局部修飾肌膚的顏色，色調有粉、綠、紫、藍，各有不同效果。例如：粉色調是增添氣色；紫色調是修飾臘黃臉色。
蜜粉 （face powder）	蜜粉的功能為「定妝」，一般以粉撲按壓或是用粉刷來刷，可吸收臉上過多油脂，使妝容乾淨不出油。 最常用的是透明或無色的蜜粉，也可依膚色來選擇蜜粉顏色。有顏色的蜜粉是用來調整或增減皮膚的深淺度，例如：藍紫色可用來調和土黃色或偏黃的臉色，白色是強調鼻梁高挺的重點加強色。

蓋斑膏或霜 （concealer）	主要功能是局部修飾痘痘肌膚或不完美的肌膚。
粉底 （foundation）	粉底常見的有液狀與霜狀兩種。若要遮蓋力強，可使用粉條；若希望出外攜帶方便，可使用粉餅。 油性皮膚要選擇含油較少或無油的粉底；乾性皮膚要選擇有滋潤性的粉底，盡量選擇最適合自己膚質的粉底，效果最好。
腮紅 （blusher）	使用腮紅的目的是使臉色看起來健康，所以要非常自然、柔和。 ・長窄的臉：在顴骨上以水平方向塗腮紅。 ・短而圓的臉：用三角形法擦腮紅，直至太陽穴，臉型會看起來較修長。 ・方臉：用環型來柔和方臉的角度。
眼影 （eyeshadow）	市面上有許多選擇，通常咖啡色系的眼影能讓眼睛感覺深邃，不過有許多人在選擇眼影時，搭配服裝的顏色，形成整體的統一色調。
眼線膏 （gel eyeliner）	用細眼線筆沾一下即可，可依自己喜愛的顏色濃淡來調整；也可加水使用，畫出來的眼影線柔和自然。

眼線液 （liquid eyeliner）	效果較強烈，但有時會變乾，效果較不自然。
眼線筆 （eyeline pencil）	適合用來畫眼皮底線，畫的時候要小心，否則容易弄髒。
眉筆 （brow pencil）	眉筆的用途是強調眉毛，為了和髮色相襯，東方人通常較易接受鐵灰色。 若頭髮染了咖啡色系，則需要用染眉膏來改變眉毛顏色，以配合髮色。若是使用咖啡色眉筆配上黑色頭髮，會顯得較為成熟且不自然。
唇膏 （lipstick）	一般我們稱為「口紅」，質地通常分為油亮保溼及粉質持久二種。
黏睫膏 （eyelash glue）	用來黏假睫毛的黏著劑，選擇品質好的黏睫膏，才不會引起眼睛過敏。
睫毛膏 （mascara）	為了展現濃密的大眼睛，睫毛膏是不可或缺的化妝品。本身睫毛較短的人，可以使用加纖維的材質，能讓睫毛有瞬間拉長效果。

　　工欲善其事，必先利其器。如果想要讓妝容更加完美，

你的化妝箱中應該準備下面這些化妝工具哦。

常見的化妝品

面紙	可吸取過多水分或油質，也是隨時可將各類粉刷保持清潔的必需品。
棉花棒	是除去化妝沾到不適之處或是清潔不易的小地方的最佳工具。
粉刷	要達到勻稱的化妝效果，選用刷毛品質佳的粉刷是必要的。
海棉	可將粉底均勻塗在肌膚上，有圓形、方形、多角形等。
蜜粉刷	運用刷子，順著肌膚紋理，以畫圓方式刷，製造柔和霧面感。
粉撲	用按壓的方式讓蜜粉與肌膚緊密結合。
唇筆	可以描繪唇形，讓唇形更立體。可選擇刷毛品質佳的產品，以利畫出完美的唇妝。
眼影刷	可將眼影色彩均勻塗上，選購毛質較佳的眼影刷，才能畫出細緻妝感。建議至少準備兩支，一支化淡色眼影，另一支作為深色眼影之用。

假睫毛	使用毛質較自然的假睫毛，整體濃密效果較佳，可呈現電眼魅力。
夾睫毛器	選用適合眼睛長度的夾睫毛器，塑造睫毛捲翹的效果。

❀ 幸福小語

如果只有庸庸碌碌生活，你會感到沒有目標；如果你知道戰戰兢兢求生存，你會感到動力加倍。

❀ 每天改變一點點

面試直覺吸引術

第一印象決定你的好感度

近年來，坊間以個人形象或第一印象為主題的講座與課程非常蓬勃，乃是因為現代人忙碌，不論是客戶拜訪，或是推薦甄試、求職面試等，都希望能夠在短暫的時間內達成目的。若能在第一次見面開始短短的時間內，讓對方有良好的印象，成功的機率就會相對提高。

「第一印象」就是先入為主的觀念。人與人之間，常常因為第一印象而決定對彼此的感覺，它不單只是外貌，還包含了表情、儀態、髮型、服裝等，也就是「看起來如何？」、「聽懂別人說的話嗎？」、「聲音聽起來怎麼樣

呢？」、「要說什麼話呢？」這些在一開始接觸的幾分鐘內，就會影響到對方對我們的評價。因此，該如何讓別人立即對我們產生好感，就是要學習人際吸引方法的首要課程。

　　儘管日常生活中不斷證明「第一印象很重要」的理論，但仍然有不少人在職場上對自己的穿著打扮不太在意，以為只要默默把工作做好，就能獲得賞識。不過這一套在生活步調快速、優秀人才輩出的現代，恐怕已經不適用了。舉例來說，一個給主考官良好的第一印象的求職者，基本上比較容易有融洽的面試氣氛，甚至可能獲得應徵的職位。

　　有些心理學家發表一個數據，就是在評斷一個人的第一印象中，外表占了55％、聲音及表達能力占了38％、談話內涵占7％。可見「外貌」是評斷一個人第一印象的主要因素。

　　所以，除了少數例外，絕大多數人際關係的互動模式，都建構於雙方見面時的「第一印象」。

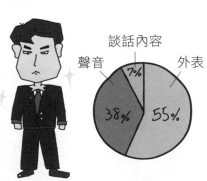

照鏡子——彎起你的嘴角

「可是我的外表很普通啊！怎麼辦？」

當你聽到「外貌」是評斷一個人的主要因素時，是不是很洩氣呢？

每個人的外貌雖然是天生的，但還是有補救的辦法哦。想想看，有誰喜歡和冰山美人接近呢？注意到重點了嗎？其實真正給對方好印象的是「親切的笑容」。只要時常注意嘴角的弧度，就可以明顯讓人對你改觀。

小時候因為遺傳了爸爸的大眼睛，臉上只要沒有表情，同學們就會覺得我很凶，不敢接近我。所以媽媽總是提醒我，要保持微笑，嘴角微微上揚，看起來就會親切多了。

面試時的第一印象很重要，那麼隨時隨地準備自己的好表情，讓自己在關鍵時刻時，表現出自己最令人舒服的表情與形象，便顯得相當重要。

為了準備自己的好表情與正面形象，平常的練習是不可

或缺的哦！

　　喜歡照鏡子嗎？看到鏡子中的自己有什麼想法呢？是神采奕奕還是精神萎靡？是抬頭挺胸還是垂頭喪氣？年齡、服裝、儀態、表情是否與自己的內涵一致呢？

　　沒錯，用「照鏡子」觀察自己是最好的方法。在鏡子面前我們無所遁形，所有外貌上的優缺點都可以在鏡子中顯露出來。當我們照鏡子誠實面對自己時，便可以隨時剖析自己的外貌與儀態，針對缺點改正，讓優點發揚光大，一旦有機會面對面試主考官時，自然就會流露出正面的形象，這時就會發現平時「照鏡子」練習的成果有意想不到的成果喔！

照鏡子

1. 找一面立鏡，每天照自己的表情與儀態。

2. 對著鏡子說：「魔鏡啊魔鏡，我是世界上最棒、最美（帥）的人。」

3. 正面、側面都要觀察喔！

按出生動的表情

　　依據皮膚學上的研究，每個人若常讓肌肉運動，不僅可以讓肌膚保持彈性，更可以讓表情生動有活力，若面部肌肉不常活動，臉部肌肉可能就會老化或退化，表情便隨之呆板，所以請大家立即跟著我按摩臉部肌肉吧！

步驟1　取大約十元硬幣的按摩霜，點在臉上的五個地方。

步驟2　用全部手指將按摩霜塗抹在臉上，由中間往臉頰兩側，並於太陽穴處加強力道。

步驟3　由額頭中央開始，用畫圈圈的方式往太陽穴的方向，然後按壓太陽穴，此方式重複3～4次。

步驟4　以中指與無名指，用螺旋畫圈圈方式向上拉提，依據圖示的三個區塊按摩，最後重複3～4次。

步驟5　不要忽略頸部的保養，整個手掌塗抹按摩霜，由下往上拉提，重複三次。

解析面試者重視的面向

由於過去任職行政經理的職務需要，負責人員的招募與考核。當時在應徵的過程中，我通常會詢問對方對這個行業的認識程度，以及對自己的職業進展規畫，很快就能確切掌握到求職者的企圖心與決心。

在這裡大致歸納一下近幾年受企業歡迎的人格特質，大部分多有以下幾點：

1. 富挑戰精神及旺盛的行動力。

2. 思考靈活不僵化，不為一般觀念所拘束。

3. 對任何事情都很認真，並且熱情對待。

4. 自動自發，主動積極。

5. 好奇心與理性思考的能力兼備。

6. 具開創性及前瞻性。

　　所以我們在應徵任何行業時，應該先了解其企業文化特色與所需人才，才能知此知彼，以增加錄取的機率。建議求職者一踏進求職的公司面試時，要從基本的禮貌做起，例如要主動向他人友善而禮貌地打招呼，對方也會感受到我們的開朗與自信，也許在走廊上打招呼的人，就是你的面試官呢！

寫一份有創意的履歷表

　　自傳是求職者與面試者的第一次接觸，雙方在見面之前，可以透過自傳的文字與圖像，對求職者有基本的認知。我們若能在眾多的求職履歷中，凸顯自己的特色，表達自己的誠意，告知以往值得驕傲的精采事蹟，讓面試者還未見到本人時，就抱持著期待，那就已經成功一半了。

　　現在職場上非常重視所謂的4E，即：energy（活力）、ability to energize（激勵力）、edge（決斷力）、ability to execute（執行力）。這些特質若呈現在我們個人的履歷表上，將會讓主考官對我們的印象加分。而撰寫一份具有充分創意的履歷表，該注意什麼地方呢？

　　我曾經看過一份履歷表，自傳內容平鋪直敘，並未有出彩之處，但是字裡行間的情感真摯感人，

再加上說明自己在前次工作中扮演何種職位，並從中磨鍊自己的應變能力，理解了團隊的重要性，進而提升自己的企圖心。最重要的一點，是學會了「態度」的重要性。這樣的撰寫方式適合在服務業的遴選上，而每個行業的特質不盡相同，所以要依據其特性來表達自己與這份工作有多麼契合。

以下為撰寫自傳時應注意的要點：

1. 在最短時間內讓主考官認識自己

每一段經歷都是有價值的心路歷程，若有相關行業的特殊經歷可單獨整理出來，以圖文呈現，更能令主試者留下深刻印象。

2. 語意暢通，語詞豐富

撰寫的文字不宜太過艱深，應該適度表達情感，切忌抄襲，以免在面試時不小心洩漏了不實的內容。

3. 表達出對工作的企圖心

盡量寫出對於該公司、工作性質的理解與將來的職涯規畫，並適度將過去的社團經歷或是前次工作的經驗、動機與興趣詳實寫出。

4. 履歷表內容詳實豐富

選擇一張看起來神采奕奕的大頭照，具備開朗與自信的樣貌。

在個人的經歷中，每一個階段依據不同時期分點條列，以快速凸顯自己每個時期的經歷與表現。內容可包含家庭背景與成長、求學的過程、個性、興趣、專長及過去的優異表現等。

面試整體造型學

髮型簡單俐落，博取主考官好感

以一般的行業來說，試想如果是面試主考官，會願意看到一位頭髮凌亂、髮質毛燥、髮色奇異的人嗎？所謂「有型」並非意味著太過招搖與凸顯，而是符合頭形、髮色、髮流的造型。

女生的髮型若是大波浪、玉米鬚，較不適合面試場合，最得宜的頭髮長度是中長度但不過肩，簡單富有朝氣。長髮的女生可綁公主頭，或是以梳得平整的高馬尾，顯示自己的自信。

男生則避免鬢角、長髮（除非是藝術工作者），不宜使用過多頭髮造型產品，也不宜把頭髮顏色染得太過奇特。

避免穿戴名牌服飾

喜愛名牌不是罪過，但除非你希望投身於流行產業，否則針對一般公司的求職面試時，應注意盡量不要把名牌穿在身上，尤其是logo特別顯著的服裝樣式。這是為了避免面試主考官對我們產生虛華奢侈的第一印象，對求職面試反而不利。

面試服裝應平整

我們在參加面試的前一日，記得檢查服裝，若不平整可加以熨燙。若是服裝皺巴巴的凌亂不堪，容易讓主考官留下「不注意細節」的印象，進而質疑我們的工作能力。

優雅俐落的穿著更顯專業架式

女性裙長不宜過短，以免不雅；過長又顯得老氣，做事不俐落，所以過膝的中長裙或是剪裁簡單的小洋裝較佳。另

外，雖然雪訪紗很柔美，但給主考的印象可能會是「不會做事，只適合觀賞」，所以面試時應盡量避免。建議穿著硬挺的布料，顯得較為專業。

襪子也很重要

女生的面試服裝若是中長裙，穿絲襪可讓腿部的線條更加美麗，建議可以找膚色有質感的絲襪，切忌不要穿太過於華麗或網狀的絲襪，也不要穿高統襪或是半統襪，以褲襪為佳。面試當天可多帶一雙絲襪，以免不小心勾破，臨時找不到絲襪替換，徒增心中的不安。

男生若穿深色西裝，最好搭配深色短襪，切忌搭配白色短襪，這也是展現個人品味的一項指標。

一雙好鞋，讓你走路更有自信

鞋子是可以投資的配件，包覆性佳的中低跟鞋是面試首選。新購買的鞋需要多穿幾次才會舒服、合腳，走起路來儀

態也會更優雅。米色、白色、黑色或是深咖啡色的包鞋，是女生面試時的最佳選擇，切忌涼鞋、球鞋、靴子等；男生可選板鞋、深色皮鞋比較正式。

香水適可而止

出門要攜帶面紙或溼紙巾、口香糖或漱口水，但不要為了遮蓋汗臭味而噴灑太多香水或古龍水，否則會令人不舒服。

面試服裝造型自我檢視

男性

髮型	簡單俐落為佳，不宜留鬢角或過度染髮。
臉部	每天要刮鬍子，用中性洗面皂洗臉，保持臉部乾淨。
上衣款式	有質感的素色或條紋的襯衫、圓領衫、V領衫、polo衫。
領帶	一套西裝可配三條不同花色的領帶，領帶夾可夾在襯衫第3~~4顆釦子之間。
西裝外套	黑、灰及深藍色調。
長褲	和西裝外套成套搭配，若是穿著有領子的polo衫，可以搭配較休閒的長褲。

女性

髮型	以簡單俐落為主，不要披頭散髮。若不太會整理頭髮，可以剪為短髮，較好整理，也顯得比較有精神。
臉部	擦點淡妝，尤其是塗上淡淡的腮紅，再加上刷睫毛膏，會顯得較有精神。切忌假睫毛，吃完食物記得補妝，尤其是擦點自然的唇蜜。
上衣款式	有質感及造型的素色襯衫、線衫、圓領衫、V領衫，顏色以米色、淺黃、淺藍、粉紅等色為主。
下半身	搭配用的A字裙、四片裙、百褶裙、窄裙、直筒長褲、合身長褲。

面試前檢核表——服飾造型

	是	尚可	否
1. 服裝的顏色是否太鮮亮、複雜	☐	☐	☐
2. 造型是否力求簡單，輪廓線是否凸顯品味	☐	☐	☐
3. 上半身寬鬆，下半身可緊身 （或上半身緊身，下半身可寬鬆）	☐	☐	☐
4. 服裝造型是否太多重點	☐	☐	☐
5. 配件只要一項，不宜掛垂墜式的耳環或手鍊等	☐	☐	☐
6. 女生著裙裝是否穿膚色絲襪，是否多帶一雙備用	☐	☐	☐
7. 男生穿皮鞋是否力求簡單，是否擦亮、沒有髒汙	☐	☐	☐
8. 女士著低跟包鞋，是否以黑、咖啡、米白為主	☐	☐	☐
9. 是否帶著有助於口氣清新的口香糖	☐	☐	☐
10. 指甲是否修剪乾淨	☐	☐	☐
11. 臉部妝容是否得宜	☐	☐	☐

面試中檢核表—表情儀態

	是	尚可	否
1. 眼睛是否有精神	☐	☐	☐
2. 微笑是最佳印象，適度微笑有加分作用	☐	☐	☐
3. 下巴角度反映自我意識，是否朝上或是低下	☐	☐	☐
4. 是否用聲調變化製造親近感	☐	☐	☐
5. 手部放置的位子是否到位	☐	☐	☐
6. 兩腿是否抖動或做出不雅動作	☐	☐	☐
8. 目光是否有自信地與主考官接觸，眼神是否飄忽	☐	☐	☐
9. 儀態是否過度僵硬	☐	☐	☐
10. 坐姿是否挺直以示精神充沛	☐	☐	☐

國家圖書館出版品預行編目資料

時尚生活美學. 個人形象管理篇 / 李幸玲作. -
初版. - 台北市：幼獅, 2013.05
　　面；　公分. -- (生活閱讀)

　　ISBN 978-957-574-903-3(平裝)
　　1.生活美學

　　180　　　　　　　　　　102005629

・生活閱讀・

時尚生活美學──個人形象管理篇

作　　　者＝李幸玲
插圖繪者＝李幸玲
出 版 者＝幼獅文化事業股份有限公司
發 行 人＝李鍾桂
總 經 理＝廖翰聲
總 編 輯＝劉淑華
主　　　編＝林泊瑜
總 公 司＝10045台北市重慶南路1段66-1號3樓
電　　　話＝(02)2311-2832
傳　　　真＝(02)2311-5368
郵政劃撥＝00033368

門市
●松江展示中心：10422台北市松江路219號
　電話：(02)2502-5858轉734　傳真：(02)2503-6601
●苗栗育達店：36143苗栗縣造橋鄉談文村學府路168號（育達商業科技大學內）
　電話：(037)652-191　傳真：(037)652-251

印　　　刷＝祥新印刷股份有限公司　　　幼獅樂讀網
定　　　價＝250元　　　　　　　　　　http://www.youth.com.tw
港　　　幣＝83元　　　　　　　　　　 e-mail:customer@youth.com.tw
初　　　版＝2013.05
書　　　號＝954213

幼獅文化公司／讀者服務卡／

感謝您購買幼獅公司出版的好書！

為提升服務品質與出版更優質的圖書，敬請撥冗填寫後（免貼郵票）擲寄本公司，或傳真（傳真電話02-23115368），我們將參考您的意見、分享您的觀點，出版更多的好書。並不定期提供您相關書訊、活動、特惠專案等。謝謝！

基本資料

姓名：＿＿＿＿＿＿＿＿＿＿＿＿＿先生／小姐

婚姻狀況：□已婚 □未婚　職業：□學生 □公教 □上班族 □家管 □其他

出生：民國＿＿＿＿＿年＿＿＿＿＿月＿＿＿＿＿日

電話：（公）＿＿＿＿＿＿（宅）＿＿＿＿＿＿（手機）＿＿＿＿＿＿

e-mail：＿＿＿＿＿＿＿＿＿＿＿＿＿＿＿＿＿＿＿＿＿

聯絡地址：＿＿＿＿＿＿＿＿＿＿＿＿＿＿＿＿＿＿＿

1.您所購買的書名：**時尚生活美學──個人形象管理篇**

2.您通常以何種方式購書? □1.書店買書 □2.網路購書 □3.傳真訂購 □4.郵局劃撥
　（可複選）　□5.幼獅門市 □6.團體訂購 □7.其他

3.您是否曾買過幼獅其他出版品：□是，□1.圖書 □2.幼獅文藝 □3.幼獅少年
　　　　　　　　　　　　　　　　□否

4.您從何處得知本書訊息：□1.師長介紹 □2.朋友介紹 □3.幼獅少年雜誌
　（可複選）　□4.幼獅文藝雜誌 □5.報章雜誌書評介紹＿＿＿＿＿＿報
　　　　　　　□6.DM傳單、海報 □7.書店 □8.廣播（　　　　　　）
　　　　　　　□9.電子報、edm □10.其他＿＿＿＿＿＿

5.您喜歡本書的原因：□1.作者 □2.書名 □3.內容 □4.封面設計 □5.其他

6.您不喜歡本書的原因：□1.作者 □2.書名 □3.內容 □4.封面設計 □5.其他

7.您希望得知的出版訊息：□1.青少年讀物 □2.兒童讀物 □3.親子叢書
　　　　　　　　　　　　□4.教師充電系列 □5.其他

8.您覺得本書的價格：□1.偏高 □2.合理 □3.偏低

9.讀完本書後您覺得：□1.很有收穫 □2.有收穫 □3.收穫不多 □4.沒收穫

10.敬請推薦親友，共同加入我們的閱讀計畫，我們將適時寄送相關書訊，以豐富書香與心靈的空間：

(1)姓名＿＿＿＿＿＿e-mail＿＿＿＿＿＿電話＿＿＿＿＿＿

(2)姓名＿＿＿＿＿＿e-mail＿＿＿＿＿＿電話＿＿＿＿＿＿

(3)姓名＿＿＿＿＿＿e-mail＿＿＿＿＿＿電話＿＿＿＿＿＿

11.您對本書或本公司的建議：

基本資料

姓名：＿＿＿＿＿＿＿＿＿＿＿＿＿＿＿＿＿先生／小姐

婚姻狀況：□已婚 □未婚 職業：□學生 □公教 □上班族 □家管 □其他

出生：民國＿＿＿＿＿年＿＿＿＿＿月＿＿＿＿＿日

電話：（公）＿＿＿＿＿＿（宅）＿＿＿＿＿＿（手機）＿＿＿＿＿

e-mail：＿＿＿＿＿＿＿＿＿＿＿＿＿＿＿＿＿

聯絡地址：＿＿＿＿＿＿＿＿＿＿＿＿＿＿＿＿＿

1.您所購買的書名：**時尚生活美學──個人形象管理篇**

2.您通常以何種方式購書?：□1.書店買書 □2.網路購書 □3.傳真訂購 □4.郵局劃撥
（可複選） □5.幼獅門市 □6.團體訂購 □7.其他

3.您是否曾買過幼獅其他出版品：□是，□1.圖書 □2.幼獅文藝 □3.幼獅少年
□否

4.您從何處得知本書訊息：□1.師長介紹 □2.朋友介紹 □3.幼獅少年雜誌
（可複選） □4.幼獅文藝雜誌 □5.報章雜誌書評介紹＿＿＿＿＿＿報
□6.DM傳單、海報 □7.書店 □8.廣播(＿＿＿＿)
□9.電子報、edm □10.其他＿＿＿＿＿

5.您喜歡本書的原因：□1.作者 □2.書名 □3.內容 □4.封面設計 □5.其他

6.您不喜歡本書的原因：□1.作者 □2.書名 □3.內容 □4.封面設計 □5.其他

7.您希望得知的出版訊息：□1.青少年讀物 □2.兒童讀物 □3.親子叢書
□4.教師充電系列 □5.其他

8.您覺得本書的價格：□1.偏高 □2.合理 □3.偏低

9.讀完本書後您覺得：□1.很有收穫 □2.有收穫 □3.收穫不多 □4.沒收穫

10.敬請推薦親友，共同加入我們的閱讀計畫，我們將適時寄送相關書訊，以豐富書香與心靈的空間：
(1)姓名＿＿＿＿＿e-mail＿＿＿＿＿電話＿＿＿＿＿
(2)姓名＿＿＿＿＿e-mail＿＿＿＿＿電話＿＿＿＿＿
(3)姓名＿＿＿＿＿e-mail＿＿＿＿＿電話＿＿＿＿＿

11.您對本書或本公司的建議：＿＿＿＿＿＿＿＿＿＿＿＿＿＿＿＿＿

10045　台北市重慶南路一段66-1號3樓

幼獅文化事業股份有限公司

客服專線：02-23112832分機208　傳真：02-23115368

e-mail：customer@youth.com.tw

幼獅樂讀網http：//www.youth.com.tw